CARNET
DES DÉDUCTIONS

ALLOUÉES

AUX MARCHANDS EN GROS

BOUILLEURS ET DISTILLATEURS

À L'USAGE

DES EMPLOYÉS DES CONTRIBUTIONS INDIRECTES
ET DES MARCHANDS EN GROS

Par Fd. BÉGOU

Commis principal, Chef de Service des Contributions indirectes
Membre et Lauréat de l'Académie nationale

QUINZIÈME ÉDITION

S'ADRESSER A M. BÉGOU, A PONTOISE
(SEINE-ET-OISE)

1892

CARNET

DES DÉDUCTIONS

ALLOUÉES

UX MARCHANDS EN GROS, BOUILLEURS ET DISTILLATEURS

A L'USAGE

DES EMPLOYÉS DES CONTRIBUTIONS INDIRECTES
ET DES MARCHANDS EN GROS

PAR

F^D BÉGOU

COMMIS PRINCIPAL, CHEF DE SERVICE DES CONTRIBUTIONS INDIRECTES
MEMBRE ET LAURÉAT DE L'ACADÉMIE NATIONALE

Quinzième édition

S'ADRESSER
A M. BÉGOU, à Pontoise (Seine-et-Oise)

—

1892

Prix de l'Exemplaire rendu franco : 2 francs

Adresser un mandat sur la poste à M. Bégou, employé des Contributions
Indirectes, à Pontoise (Seine-et-Oise).

INTRODUCTION

Il n'y a pas très-longtemps, pour établir le plein des fûts en vidange, tous nous en étions réduits à faire le calcul par les segments ; c'était assez long, souvent défectueux, parfois sujet à erreurs.

Des tables de comptes faits ont été dressées et tout le monde se trouve heureux d'avoir à sa disposition un ouvrage dont l'exactitude et l'étendue répondent à toutes les exigences.

De mon côté, j'ai cru remarquer que le calcul des déductions accordées aux marchands en gros entraînait assez souvent aux mêmes inconvénients.

Tous les Employés chargés de la tenue des comptes de gros ne sont·sûrs de leur travail qu'au prix d'une grande attention et d'opérations assez minutieuses et assez longues.

MM. les Inspecteurs, Contrôleurs et Chefs de service passent souvent un temps précieux à la vérification des calculs de déduction.

Avant de les déposer aux archives, MM. les Commis de Direction vérifient les portatifs et s'assurent que les déductions sont bien calculées :

Et toujours, et tous, par les procédés ordinaires.

Toutes ces considérations m'ont décidé à faire un travail donnant la déduction d'un nombre quelconque calculée sur les divers taux actuellement en usage.

Les instructions de l'Administration, une simple règle d'intérêt et les diviseurs indiqués pour le calcul des déductions par la circulaire no 196 du 31 décembre 1838, m'ont mis sur la voie et m'ont permis d'établir un carnet réunissant toutes les conditions d'exactitude et de commodité désirables.

Le travail est divisé en deux parties.

Il comprend, d'une part, tous les nombres dont la déduction est calculée de 1 litre jusqu'à 50 hectolitres et offre toute satisfaction pour les comptes ordinaires.

Si, par exception, on avait à opérer sur le compte d'un marchand en gros ayant en charge de très-fortes quantités, la deuxième partie de l'ouvrage donnerait telle déduction qu'on aurait à calculer.

Cette seconde partie sera, d'ailleurs, très-rarement utilisée, car la première donnant 50 hectolitres de déduction acquise et autant pour la déduction provisoire, 100 hectolitres de déduction suffiront dans presque tous les cas.

Les extraits de loi, le tableau du taux des déductions et celui des départements divisés par classes, complètent, avec une instruction pratique, les renseignements dont on peut avoir besoin.

J'ose espérer que j'aurai ainsi réuni les deux conditions essentielles pour cet ouvrage.

Travail sûr et facile, vérifications abrégées.

Fᴰ. BÉGOU.

Janvier 1867.

CARNET
DES DÉDUCTIONS

ALLOUÉES

AUX MARCHANDS EN GROS

BOUILLEURS, DISTILLATEURS, ETC.

L'article 103 de la loi du 28 avril 1816 a établi qu'il serait accordé une déduction pour ouillage, coulage et affaiblissement de degrés aux marchands en gros, distillateurs, bouilleurs de profession et autres faisant le commerce des boissons en gros.

Le taux de cette déduction a subi bien des variations, et à la suite des expériences qui ont été faites jusqu'en 1838, il a été rendu une ordonnance aujourd'hui en vigueur qui en fixe le taux définitif.

ORDONNANCE DU 21 DÉCEMBRE 1838.

ART. Ier. — Les déductions à allouer pour ouillage, coulage, soutirage, affaiblissement de degrés et pour tous autres déchets sur les vins, cidres, poirés, hydromels, alcools et liqueurs, tant en cercles qu'en bouteilles, seront réglées par classe de départements, par nature de boissons et par classe d'entrepositaires, conformément au tableau n° 1 ci-dessous.

A cet effet, les départements seront divisés en trois classes pour les vins et en deux classes pour les alcools et liqueurs, d'après le tableau n° 2 ci-dessous.

Le déchet continuera à être calculé en raison du séjour des boissons en magasin, sauf compensation au mois de décembre de chaque année.

ART. II. — Les nouvelles déductions seront allouées à partir de 1839.

N° 1. — TABLEAU des déductions à allouer annuellement aux Marchands en gros et Entrepositaires, autres que les récoltants qui n'entreposent que le produit de leur récolte, sur les vins, cidres, poirés, hydromels et alcools, tant en cercles qu'en bouteilles, pour ouillage, coulage, soutirage, affaiblissement de degrés et autres déchets.

ESPÈCE DE BOISSONS	CLASSE des départements conformémet AU TABLEAU N° 2	QUOTITÉ POUR CENT des DÉDUCTIONS ANNUELLES
Vins.............	Première.	8 %
	Deuxième.	7 %
	Troisième.	6 % —
Alcools et liqueurs...	Première.	7 %
	Deuxième.	6 %
Cidres, poirés et hydr.	Unique.	7 %

Dans le tableau n° 1 il n'a pas été fait mention de la déduction accordée aux propriétaires récoltants. Par suite du décret du 17 mars 1852 et des dispositions des circulaires n°s 25 du 3 avril 1852 et 506 du 30 octobre 1857, il leur est alloué une déduction fixe de 10 % sur les charges totales sans distinction d'année de récolte.

N° 2. — TABLEAU *des départements divisés par classes, pour le calcul des déductions à allouer annuellement sur les vins, alcools et liqueurs.*

DÉPARTEMENTS	Vins.	Alcools et liqueurs.	DÉPARTEMENTS	Vins.	Alcools et liqueurs.	DÉPARTEMENTS	Vins.	Alcools et liqueurs.
Ain	2	1	Gers	1	1	Pas-de-Calais	3	2
Aisne	3	2	Gironde	1	1	Puy-de-Dôme	2	1
Allier	2	1	Hérault	1	1	Pyrénées (Bas-)	1	1
Alpes (Basses-)	2	2	Ille-et-Vilaine	3	2	Pyrén. (Hautes-)	1	1
Alpes (Hautes-)	2	1	Indre	2	1	Pyrén. (Orient-)	1	1
Alpes-Maritim.	1	1	Indre-et-Loire	1	1	Rhin (Bas-)	2	2
Ardèche	1	1	Isère	1	1	Rhin (Haut-)	2	1
Ardennes	3	2	Jura	1	2	Rhône	1	1
Ariège	1	1	Landes	1	1	Saône (Haute-)	2	2
Aube	2	2	Loir-et-Cher	2	1	Saône-et-Loire	2	1
Aude	1	1	Loire	2	1	Sarthe	2	2
Aveyron	3	1	Loire (Haute-)	3	1	Savoie	1	1
Bouches-du-Rh.	1	1	Loire-Inférieure	3	2	Savoie (Haute-)	1	1
Calvados	3	1	Loiret	2	1	Seine	3	2
Cantal	3	1	Lot	1	1	Seine-Infér.	3	2
Charente	2	1	Lot-et-Garonne	1	1	Seine-et-Marne	2	2
Charente-Infér.	2	1	Lozère	3	1	Seine-et-Oise	2	2
Cher	2	1	Maine-et-Loire	2	1	Sèvres (Deux-)	2	2
Corrèze	3	1	Manche	3	2	Somme	3	2
Côte-d'Or	2	2	Marne	2	2	Tarn	1	1
Côtes-du-Nord	3	2	Marne (Haute-)	2	1	Tarn-et-Garon.	1	1
Creuse	3	1	Mayenne	3	2	Var	1	1
Dordogne	2	1	Meurthe	2	2	Vaucluse	1	1
Doubs	2	2	Meuse	2	2	Vendée	2	2
Drôme	1	1	Morbihan	3	2	Vienne	1	1
Eure	3	2	Moselle	2	2	Vienne (Haute-)	2	1
Eure-et-Loir	2	2	Nièvre	2	1	Vosges	2	2
Finistère	3	2	Nord	2	2	Yonne	2	2
Gard	1	1	Oise	3	2			
Garonne (Haute)	1	1	Orne	3	2			

DÉCRET DU 4 DÉCEMBRE 1872.

Les déductions à allouer sur les alcools et liqueurs seront uniformément calculées dans toute la France, à raison de 7 p. %.

La disposition qui précède aura son effet à partir du 1er Janvier 1873.

Ce décret modifie les deux tableaux ci-dessus qui ne comportent plus qu'une classe, la première, pour les alcools et liqueurs.

Le compte des marchands en gros étant annuel et les déductions se calculant en raison du séjour des boissons en magasin, il a été établi deux sortes de déductions :

La déduction acquise et la déduction provisoire.

La première est la déduction qui est due au moment même du recensement ou de l'arrêté ; elle se calcule sur les quantités prises en charge et on en retranche, pour tout le temps qu'elles n'ont pas séjourné en magasin, les quantités portées en sortie. La différence (col. 18 du reg. 50 D) est le nombre sur lequel la déduction acquise est à chercher.

La déduction provisoire est celle qui est accordée provisoirement aux marchands en gros sur les quantités formant les restes en magasin lors du dernier recensement, pour le temps restant à courir jusqu'au 30 décembre (col. 19 du 50 D).

C'est le calcul des nombres inscrits dans ces deux colonnes (18 et 19 du 50 D) qui forme l'objet du présent carnet.

PREMIÈRE PARTIE

USAGE DU CARNET

Pour trouver, à la simple inspection du carnet, la déduction d'un nombre à porter dans les col. 20 ou 21 du 50 D, il suffit de chercher dans la colonne du carnet, en tête de laquelle se trouve le taux de la déduction sur laquelle on opère, le nombre élémentaire qui a servi au calcul de la déduction.

Si ce nombre se trouve exactement, celui indiquant la déduction correspondante est la déduction cherchée.

S'il ne se trouve pas dans le carnet, on prend celui qui s'en rapproche le plus et c'est le plus faible des deux entre lesquels il est compris.

La raison en est bien simple ; comme on ne force pas dans le calcul des déductions, c'est le plus petit nombre qui sert de nombre élémentaire. Aussi voilà pourquoi entre deux nombres consécutifs inscrits dans les colonnes du carnet il existe une série de nombres qui ont tous la même déduction.

Pour les nombres dont la déduction dépasse 50 hect. voir l'instruction en tête de la 2ᵉ partie, page 11.

EXEMPLES :

1° — Soit à trouver la déduction de 105 hect. 60 lit., à raison de 7 %.

Dans la colonne du 7 % on cherche le nombre 165.60 ou celui qui s'en rapproche le plus et on trouve (page 17) 165.60 dont la déduction est de 3. 22.

2° — Soit à chercher la déduction de 170 hect. 34 lit. à raison de 7 %.

Dans la même colonne (7 %) on trouve que le nombre proposé est compris entre 170. 23 et 170. 75; or, comme on ne force pas, la déduction est la même que celle de 170. 23 qui est le nombre élémentaire : Déduction 3. 31.

CALCUL PAR LA MÉTHODE ORDINAIRE

165.60		170.34	
7		7	
1159.20	360	1102.38	360
79 2	3,22	112 3	3.31
7 20		4 38	
		78	

3.22		3.31	
360		360	
103 20		108 60	
966		993	
1159,20		78	
		1102.38	

DEUXIÈME PARTIE

Pour donner au présent Carnet toute l'étendue désirable, il m'a paru utile d'établir cette deuxième partie, car il pourrait arriver que 50 hectolitres de déduction acquise et 50 hectolitres pour la déduction provisoire, en tout 100 hectolitres, ne suffisent pas toujours.

A cet effet, j'ai dressé le tableau 76 qui donne les résultats nécessaires. Je ne l'ai pas formé comme ceux de la première partie. Pour rendre les recherches plus faciles, je me suis contenté de présenter les déductions par périodes de 6, 7 et 8 hectolitres avec les nombres élémentaires correspondants figurant dans la première colonne.

Pour trouver la déduction du nombre proposé, il faut le décomposer, chercher dans chaque partie du carnet la déduction correspondante et le total des deux résultats est la déduction demandée.

Soit à calculer la déduction de 3447.29 à raison de 7 %.

Comme le nombre 3447.29 est plus fort que le dernier nombre de la première partie (col. 7 %), on prend dans le tableau 76 le plus petit nombre qui s'en rapproche le plus et on trouve dans la première colonne 3240.00 dont la déduction à 7 % est de 63.00, et il reste à chercher la déduction de 207.29 qui est donnée par la première partie du carnet, 4.03. Le total de ces deux résultats 67.03 est la déduction à trouver.

Ayant un peu l'habitude du Carnet, on peut faire cette opération de tête.

VÉRIFICATION DU CALCUL PAR LA MÉTHODE ORDINAIRE

```
3447.29   nombre proposé           63,00   déduction
3240.00   2e partie                 4.03      id.
─────────                          ───────
 207.29   1re partie                67.03   Total.


  3447.29                            67.03
        7                             360
─────────────                     ──────────
 24131.03 │ 360                      4021 80
  2831    │ 67.03                   20109
    11 03                                 23
       23                          ──────────
                                    24131.03
```

NOMBRES sur lesquels est calculée LA DÉDUCTION A RAISON DE			DÉDUCTION.	NOMBRES sur lesquels est calculée LA DÉDUCTION A RAISON DE			DÉDUCTION.
6 %	7 %	8 %		6 %	7 %	8 %	
» 60	» 52	» 45	» 1	24.60	21.09	18.45	» 41
1.20	1.03	» 90	» 2	25.20	21.60	18.90	» 42
1.80	1.55	1.35	» 3	25.80	22.12	19.35	» 43
2.40	2.06	1.80	» 4	26.40	22.63	19.80	» 44
3.00	2.58	2.25	» 5	27.00	23.15	20.25	» 45
3.60	3.09	2.70	» 6	27.60	23.66	20.70	» 46
4.20	3.60	3.15	» 7	28.20	24.18	21.15	» 47
4.80	4.12	3.60	» 8	28.80	24.69	21.60	» 48
5.40	4.63	4.05	» 9	29.40	25.20	22.05	» 49
6.00	5.15	4.50	» 10	30.00	25.72	22.50	» 50
6.60	5.66	4.95	» 11	30.60	26.23	22.95	» 51
7.20	6.18	5.40	» 12	31.20	26.75	23.40	» 52
7.80	6.69	5.85	» 13	31.80	27.26	23.85	» 53
8.40	7.20	6.30	» 14	32.40	27.78	24.30	» 54
9.00	7.72	6.75	» 15	33.00	28.29	24.75	» 55
9.60	8.23	7.20	» 16	33.60	28.80	25.20	» 56
10.20	8.75	7.65	» 17	34.20	29.32	25.65	» 57
10.80	9.26	8.10	» 18	34.80	29.83	26.10	» 58
11.40	9.78	8.55	» 19	35.40	30.35	26.55	» 59
12.00	10.29	9.00	» 20	36.00	30.86	27.00	» 60
12.60	10.80	9.45	» 21	36.60	31.38	27.45	» 61
13.20	11.32	9.90	» 22	37.20	31.89	27.90	» 62
13.80	11.83	10.35	» 23	37.80	32.40	28.35	» 63
14.40	12.35	10.80	» 24	38 40	32.92	28.80	» 64
15.00	12.86	11.25	» 25	39.00	33.43	29.25	» 65
15.60	13.38	11.70	» 26	39.60	33.95	29.70	» 66
16.20	13.89	12.15	» 27	40.20	34.46	30.15	» 67
16.80	14.40	12.60	» 28	40.80	34.98	30.60	» 68
17.40	14.92	13.05	» 29	41.40	35.49	31.05	» 69
18.00	15.43	13.50	» 30	42.00	36.00	31.50	» 70
18.60	15.95	13.95	» 31	42.60	36.52	31.95	» 71
19.20	16.46	14.40	» 32	43.20	37.03	32.40	» 72
19.80	16.98	14.85	» 33	43.80	37.55	32.85	» 73
20.40	17.49	15.30	» 34	44.40	38.06	33.30	» 74
21.00	18.00	15.75	» 35	45.00	38.58	33.75	» 75
21.60	18.52	16.20	» 36	45.60	39.09	34.20	» 76
22.20	19.03	16.65	» 37	46.20	39.60	34.65	» 77
22.80	19.55	17.10	» 38	46.80	40.12	35.10	» 78
23.40	20.06	17.55	» 39	47.40	40.63	35.55	» 79
24.00	20.58	18.00	» 40	48.00	41.15	36.00	» 80

NOMBRES sur lesquels est calculée LA DÉDUCTION A RAISON DE			DÉDUCTION.	NOMBRES sur lesquels est calculée LA DÉDUCTION A RAISON DE			DÉDUCTION.
6 %	7 %	8 %		6 %	7 %	8 %	
48.60	41.66	36.45	» 81	72.60	62.23	54.45	1.21
49.20	42.18	36.90	» 82	73.20	62.75	54.90	1.22
49.80	42.69	37.35	» 83	73.80	63.26	55.35	1.23
50.40	43.20	37.80	» 84	74.40	63.78	55.80	1.24
51.00	43.72	38.25	» 85	75.00	64.29	56.25	1.25
51.60	44.23	38.70	» 86	75.60	64.80	56.70	1.26
52.20	44.75	39.15	» 87	76.20	65.32	57.15	1.27
52.80	45.26	39.60	» 88	76.80	65.83	57.60	1.28
53.40	45.78	40.05	» 89	77.40	66.35	58.05	1.29
54.00	46.29	40.50	» 90	78.00	66.86	58.50	1.30
54.60	46.80	40.95	» 91	78.60	67.38	58.95	1.31
55.20	47.32	41.40	» 92	79.20	67.89	59.40	1.32
55.80	47.83	41.85	» 93	79.80	68.40	59.85	1.33
56.40	48.35	42.30	» 94	80.40	68.92	60.30	1.34
57.00	48.86	42.75	» 95	81.00	69.43	60.75	1.35
57.60	49.38	43.20	» 96	81.60	69.95	61.20	1.36
58.20	49.89	43.65	» 97	82.20	70.46	61.65	1.37
58.80	50.40	44.10	» 98	82.80	70.98	62.10	1.38
59.40	50.92	44.55	» 99	83.40	71.49	62.55	1.39
60.00	51.43	45.00	1.00	84.00	72.00	63.00	1.40
60.60	51.95	45.45	1.01	84.60	72.52	63.45	1.41
61.20	52.46	45.90	1.02	85.20	73.03	63.90	1.42
61.80	52.98	46.35	1.03	85.80	73.55	64.35	1.43
62.40	53.49	46.80	1.04	86.40	74.06	64.80	1.44
63.00	54.00	47.25	1.05	87.00	74.58	65.25	1.45
63.60	54.52	47.70	1.06	87.60	75.09	65.70	1.46
64.20	55.03	48.15	1.07	88.20	75.60	66.15	1.47
64.80	55.55	48.60	1.08	88.80	76.12	66.60	1.48
65.40	56.06	49.05	1.09	89.40	76.63	67.05	1.49
66.00	56.58	49.50	1.10	90.00	77.15	67.50	1.50
66.60	57.09	49.95	1.11	90.60	77.66	67.95	1.51
67.20	57.60	50.40	1.12	91.20	78.18	68.40	1.52
67.80	58.12	50.85	1.13	91.80	78.69	68.85	1.53
68.40	58.63	51.30	1.14	92.40	79.20	69.30	1.54
69.00	59.15	51.75	1.15	93.00	79.72	69.75	1.55
69.60	59.66	52.20	1.16	93.60	80.23	70.20	1.56
70.20	60.18	52.65	1.17	94.20	80.75	70.65	1.57
70.80	60.69	53.10	1.18	94.80	81.26	71.10	1.58
71.40	61.20	53.55	1.19	95.40	81.78	71.55	1.59
72.00	61.72	54.00	1.20	96.00	82.29	72.00	1.60

NOMBRES sur lesquels est calculée LA DÉDUCTION A RAISON DE			DÉDUCTION.	NOMBRES sur lesquels est calculée LA DÉDUCTION A RAISON DE			DÉDUCTION.
6 %	7 %	8 %		6 %	7 %	8 %	
96,60	82.80	72.45	1.61	120.60	103.38	90.45	2.01
97,20	83.32	72.90	1.62	121.20	103.89	90.90	2.02
97,80	83.83	73.35	1.63	121.80	104.40	91.35	2.03
98,40	84.35	73.80	1.64	122.40	104.92	91.80	2.04
99,00	84.86	74.25	1.65	123.00	105.43	92.25	2.05
99,60	85.38	74.70	1.66	123.60	105.95	92.70	2.06
100,20	85.89	75.15	1.67	124.20	106.46	93.15	2.07
100,80	86.40	75.60	1.68	124.80	106.98	93.60	2.08
101,40	86.92	76.05	1.69	125.40	107.49	94.05	2.09
102,00	87.43	76.50	1.70	126.00	108.00	94.50	2.10
102,60	87.95	76.95	1.71	126.60	108.52	94.95	2.11
103,20	88.46	77.40	1.72	127.20	109.03	95.40	2.12
103,80	88.98	77.85	1.73	127.80	109.55	95.85	2.13
104,40	89.49	78.30	1.74	128.40	110.06	96.30	2.14
105,00	90.00	78.75	1.75	129.00	110.58	96.75	2.15
105,60	90.52	79.20	1.76	129.60	111.09	97.20	2.16
106,20	91.03	79.65	1.77	130.20	111.60	97.65	2.17
106,80	91.55	80.10	1.78	130.80	112.12	98.10	2.18
107,40	92.06	80.55	1.79	131.40	112.63	98.55	2.19
108,00	92.58	81.00	1.80	132.00	113.15	99.00	2.20
108,60	93.09	81.45	1.81	132.60	113.66	99.45	2.21
109,20	93.60	81.90	1.82	133.20	114.18	99.90	2.22
109,80	94.12	82.35	1.83	133.80	114.69	100.35	2.23
110,40	94.63	82.80	1.84	134.40	115.20	100.80	2.24
111,00	95.15	83.25	1.85	135.00	115.72	101.25	2.25
111,60	95.66	83.70	1.86	135.60	116.23	101.70	2.26
112,20	96.18	84.15	1.87	136.20	116.75	102.15	2.27
112,80	96.69	84.60	1.88	136.80	117.26	102.60	2.28
113,40	97.20	85.05	1.89	137.40	117.78	103.05	2.29
114,00	97.72	85.50	1.90	138.00	118.29	103.50	2.30
114,60	98.23	85.95	1.91	138.60	118.80	103.95	2.31
115,20	98.75	86.40	1.92	139.20	119.32	104.40	2.32
115,80	99.26	86.85	1.93	139.80	119.83	104.85	2.33
116,40	99.78	87.30	1.94	140.40	120.35	105.30	2.34
117,00	100.29	87.75	1.95	141.00	120.86	105.75	2.35
117,60	100.80	88.20	1.96	141.60	121.38	106.20	2.36
118,20	101.32	88.65	1.97	142.20	121.89	106.65	2.37
118,80	101.83	89.10	1.98	142.80	122.40	107.40	2.38
119,40	102.35	89.55	1.99	143.40	122.02	107.55	2.30
120,00	102.86	90.00	2.00	144.00	123.43	108.00	2.40

NOMBRES sur lesquels est calculée LA DÉDUCTION A RAISON DE			DÉDUCTION.	NOMBRES sur lesquels est calculée LA DÉDUCTION A RAISON DE			DÉDUCTION.
6 %	7 %	8 %		6 %	7 %	8 %	
144.60	123.95	108.45	2.41	168.60	144.52	126.45	2.81
145.20	124.46	108.90	2.42	169.20	145.03	126.90	2.82
145.80	124.98	109.35	2.43	169.80	145.55	127.35	2.83
146.40	125.49	109.80	2.44	170.40	146.06	127.80	2.84
147.00	126.00	110.25	2.45	171.00	146.58	128.25	2.85
147.60	126.52	110.70	2.46	171.60	147.09	128.70	2.86
148.20	127.03	111.15	2.47	172.20	147.60	129.15	2.87
148.80	127.55	111.60	2.48	172.80	148.12	129.60	2.88
149.40	128.06	112.05	2.49	173.40	148.63	130.05	2.89
150.00	128.58	112.50	2.50	174.00	149.15	130.50	2.90
150.60	129.09	112.95	2.51	174.60	149.66	130.95	2.91
151.20	129.60	113.40	2.52	175.20	150.18	131.40	2.92
151.80	130.12	113.85	2.53	175.80	150.69	131.85	2.93
152.40	130.63	114.30	2.54	176.40	151.20	132.30	2.94
153.00	131.15	114.75	2.55	177.00	151.72	132.75	2.95
153.60	131.66	115.20	2.56	177.60	152.23	133.20	2.96
154.20	132.18	115.65	2.57	178.20	152.75	133.65	2.97
154.80	132.69	116.10	2.58	178.80	153.26	134.10	2.98
155.40	133.20	116.55	2.59	179.40	153.78	134.55	2.99
156.00	133.72	117.00	2.60	180.00	154.29	135.00	3.00
156.60	134.23	117.45	2.61	180.60	154.80	135.45	3.01
157.20	134.75	117.90	2.62	181.20	155.32	135.90	3.02
157.80	135.26	118.35	2.63	181.80	155.83	136.35	3.03
158.40	135.78	118.80	2.64	182.40	156.35	136.80	3.04
159.00	136.29	119.25	2.65	183.00	156.86	137.25	3.05
159.60	136.80	119.70	2.66	183.60	157.38	137.70	3.06
160.20	137.32	120.15	2.67	184.20	157.89	138.15	3.07
160.80	137.83	120.60	2.68	184.80	158.40	138.60	3.08
161.40	138.35	121.05	2.69	185.40	158.92	139.05	3.09
162.00	138.86	121.50	2.70	186.00	159.43	139.50	3.10
162.60	139.38	121.95	2.71	186.60	159.95	139.95	3.11
163.20	139.89	122.40	2.72	187.20	160.46	140.40	3.12
163.80	140.10	122.85	2.73	187.80	160.98	140.85	3.13
164.40	140.92	123.30	2.74	188.40	161.49	141.30	3.14
165.00	141.43	123.75	2.75	189.00	162.00	141.75	3.15
165.60	141.95	124.20	2.76	189.60	162.52	142.20	3.16
166.20	142.46	124.65	2.77	190.20	163.03	142.65	3.17
166.80	142.98	125.10	2.78	190.80	163.55	143.10	3.18
167.40	143.49	125.55	2.79	191.40	164.06	143.55	3.19
168.00	144.00	126.00	2.80	192.00	164.58	144.00	3.20

NOMBRES sur lesquels est calculée LA DÉDUCTION A RAISON DE			DÉDUCTION.	NOMBRES sur lesquels est calculée LA DÉDUCTION A RAISON DE			DÉDUCTION.
6 %	7 %	8 %		6 %	7 %	8 %	
192.60	165.09	144.45	3.21	216.60	185.66	162.45	3.61
193.20	165.60	144.90	3.22	217.20	186.18	162.90	3.62
193.80	166.12	145.35	3.23	217.80	186.69	163.35	3.63
194.40	166.63	145.80	3.24	218.40	187.20	163.80	3.64
195.00	167.15	146.25	3.25	219.00	187.72	164.25	3.65
195.60	167.66	146.70	3.26	219.60	188.23	164.70	3.66
196.20	168.18	147.15	3.27	220.20	188.75	165.15	3.67
196.80	168.69	147.60	3.28	220.80	189 26	165.60	3.68
197.40	169.20	148.05	3.29	221 40	189.78	166.05	3.69
198.00	169.72	148.50	3.30	222.00	190.29	166.50	3.70
198.60	170.23	148.95	3.31	222.60	190.80	166.95	3.71
199.20	170.75	149.40	3.32	223.20	191.32	167.40	3.72
199.80	171.26	149.85	3.33	223.80	191.83	167.85	3.73
200.40	171.78	150.30	3.34	224.40	192.35	168.30	3.74
201.00	172.29	150.75	3.35	225.00	192.86	168.75	3.75
201.60	172.80	151.20	3.36	225.60	193.38	169.20	3.76
202.20	173.32	151.65	3.37	226.20	193.89	169.65	3.77
202.80	173.83	152.10	3.38	226.80	194.40	170.10	3.78
203.40	174.35	152.55	3.39	227.40	194.92	170.55	3.79
204.00	174.86	153.00	3.40	228.00	195.43	171.00	3.80
204.60	175.38	153.45	3.41	228.60	195.95	171.45	3.81
205.20	175.89	153.90	3.42	229.20	196.46	171.90	3.82
205.80	176.40	154.35	3.43	229.80	196.98	172.35	3.83
206.40	176.92	154.80	3.44	230.40	197.49	172.80	3.84
207.00	177.43	155.25	3.45	231.00	198.00	173.25	3.85
207.60	177.95	155.70	3.46	231.60	198.52	173.70	3.86
208.20	178.46	156.15	3.47	232.20	199.03	174.15	3.87
208.80	178.98	156.60	3.48	232.80	199.55	174.60	3.88
209.40	179.49	157.05	3.49	233.40	200.06	175.05	3.89
210.00	180.00	157 50	3.50	234.00	200.58	175.50	3.90
210.60	180.52	157.95	3.51	234.60	201.09	175.95	3.91
211.20	181.03	158.40	3.52	235.20	201.60	176.40	3.92
211.80	181.55	158.85	3.53	235.80	202.12	176.85	3.93
212.40	182.06	159.30	3.54	236.40	202.63	177.30	3.94
213.00	182.58	159.75	3.55	237.00	203.15	177.75	3.95
213.60	183.09	160.20	3.56	237.60	203.66	178.20	3.96
214.20	183.60	160.65	3.57	238.20	204.18	178.65	3.97
214.80	184.12	161.10	3.58	238.80	204.69	179.10	3.98
215.40	184.63	161.55	3.59	239.40	205.20	179.55	3.99
216.00	185.15	162.00	3.60	240.00	205.72	180.00	4.00

NOMBRES sur lesquels est calculée LA DÉDUCTION A RAISON DE			DÉDUCTION.	NOMBRES sur lesquels est calculée LA DÉDUCTION A RAISON DE			DÉDUCTION.
6 %	7 %	8 %		6 %	7 %	8 %	
240.60	206.23	180.45	4.01	264.60	226.80	198.45	4.41
241.20	206.75	180.90	4.02	265.20	227.32	198.90	4.42
241.80	207.26	181.35	4.03	265.80	227.83	199.35	4.43
242.40	207.78	181.80	4.04	266.40	228.35	199.80	4.44
243.00	208.29	182.25	4.05	267.00	228.86	200.25	4.45
243.60	208.80	182.70	4.06	267.60	229.38	200.70	4.46
244.20	209.32	183.15	4.07	268.20	229.89	201.15	4.47
244.80	209.83	183.60	4.08	268.80	230.40	201.60	4.48
245.40	210.35	184.05	4.09	269.40	230.92	202.05	4.49
246.00	210.86	184.50	4.10	270.00	231.43	202.50	4.50
246.60	211.38	184.95	4.11	270.60	231.95	202.95	4.51
247.20	211.89	185.40	4.12	271.20	232.46	203.40	4.52
247.80	212.40	185.85	4.13	271.80	232.98	203.85	4.53
248.40	212.92	186.30	4.14	272.40	233.49	204.30	4.54
249.00	213.43	186.75	4.15	273.00	234.00	204.75	4.55
249.60	213.95	187.20	4.16	273.60	234.52	205.20	4.56
250.20	214.46	187.65	4.17	274.20	235.03	205.65	4.57
250.80	214.98	188.10	4.18	274.80	235.55	206.10	4.58
251.40	215.49	188.55	4.19	275.40	236.06	206.55	4.59
252.00	216.00	189.00	4.20	276.00	236.58	207.00	4.60
252.60	216.52	189.45	4.21	276.60	237.09	207.45	4.61
253.20	217.03	189.90	4.22	277.20	237.60	207.90	4.62
253.80	217.55	190.35	4.23	277.80	238.12	208.35	4.63
254.40	218.06	190.80	4.24	278.40	238.63	208.80	4.64
255.00	218.58	191.25	4.25	279.00	239.15	209.25	4.65
255.60	219.09	191.70	4.26	279.60	239.66	209.70	4.66
256.20	219.60	192.15	4.27	280.20	240.18	210.15	4.67
256.80	220.12	192.60	4.28	280.80	240.69	210.60	4.68
257.40	220.63	193.05	4.29	281.40	241.20	211.05	4.69
258.00	221.15	193.50	4.30	282.00	241.72	211.50	4.70
258.60	221.66	193.95	4.31	282.60	242.23	211.95	4.71
259.20	222.18	194.40	4.32	283.20	242.75	212.40	4.72
259.80	222.69	194.85	4.33	283.80	243.26	212.85	4.73
260.40	223.20	195.30	4.34	284.40	243.78	213.30	4.74
261.00	223.72	195.75	4.35	285.00	244.29	213.75	4.75
261.60	224.23	196.20	4.36	285.60	244.80	214.20	4.76
262.20	224.75	196.65	4.37	286.20	245.32	214.65	4.77
262.80	225.26	197.10	4.38	286.80	245.83	215.10	4.78
263.40	225.78	197.55	4.39	287.40	246.35	215.55	4.79
264.00	226.29	198.00	4.40	288.00	246.86	216.00	4.80

NOMBRES sur lesquels est calculée LA DÉDUCTION A RAISON DE			DÉDUCTION.	NOMBRES sur lesquels est calculée LA DÉDUCTION A RAISON DE			DÉDUCTION.
6 %	7 %	8 %		6 %	7 %	8 %	
288.60	247.38	216.45	4.81	312.60	267.95	234.45	5.21
289.20	247.89	216.90	4.82	313.20	268.46	234.90	5.22
289.80	248.40	217.35	4.83	313.80	268.98	235.35	5.23
290.40	248.92	217.80	4.84	314.40	269.49	235.80	5.24
291.00	249.43	218.25	4.85	315.00	270.00	236.25	5.25
291.60	249.95	218.70	4.86	315.60	270.52	236.70	5.26
292.20	250.46	219.15	4.87	316.20	271.03	237.15	5.27
292.80	250.98	219.60	4.88	316.80	271.55	237.60	5.28
293.40	251.49	220.05	4.89	317.40	272.06	238.05	5.29
294.00	252 00	220.50	4.90	318.00	272.58	238.50	5.30
294.60	252.52	220.95	4.91	318.60	273.09	238.95	5.31
295.20	253.03	221.40	4.92	319.20	273.60	239.40	5.32
295.80	253.55	221.85	4.93	319.80	274.12	239.85	5.33
296.40	254.06	222.30	4.94	320.40	274.63	240.30	5.34
297.00	254.58	222.75	4.95	321.00	275.15	240.75	5.35
297.60	255.09	223.20	4.96	321.60	275.66	241.20	5.36
298.20	255.60	223.65	4.97	322.20	276.18	241.65	5.37
298.80	256.12	224.10	4.98	322.80	276.69	242.10	5.38
299.40	256.63	224.55	4.99	323.40	277.20	242.55	5.39
300.00	257.15	225.00	5.00	324.00	277.72	243.00	5.40
300.60	257.66	225.45	5.01	324.60	278.23	243.45	5.41
301.20	258.18	225.90	5.02	325.20	278.75	243.90	5.42
301.80	258.69	226.35	5.03	325.80	279.26	244.35	5.43
302.40	259.20	226.80	5.04	326.40	279.78	244.80	5.44
303.00	259.72	227.25	5.05	327.00	280.29	245.25	5.45
303.60	260.23	227.70	5.06	327.60	280.80	245.70	5.46
304.20	260.75	228.15	5.07	328.20	281.32	246.15	5.47
304.80	261.26	228.60	5.08	328.80	281.83	246.60	5.48
305.40	261.78	229.05	5.09	329.40	282.35	247.05	5.49
306 00	262.29	229.50	5.10	330.00	282.86	247.50	5.50
306.60	262.80	229.95	5.11	330.60	283.38	247.95	5.51
307.20	263.32	230.40	5.12	331.20	283.89	248.40	5.52
307.80	263.83	230.85	5.13	331.80	284.40	248.85	5.53
308.40	264.35	231.30	5.14	332.40	284.92	249.30	5.54
309.00	264.86	231.75	5.15	333.00	285.43	249.75	5.55
309.60	265.38	232.20	5.16	333.60	285.95	250.20	5.56
310.20	265.89	232.65	5.17	334.20	286.46	250.65	5.57
310.80	266.40	233.10	5.18	334.80	286.98	251.10	5.58
311.40	266.92	233.55	5.19	335.40	287.49	251.55	5.59
312.00	267.43	234.00	5.20	336.00	288.00	252.00	5.60

NOMBRES sur lesquels est calculée LA DÉDUCTION A RAISON DE			DÉDUCTION.	NOMBRES sur lesquels est calculée LA DÉDUCTION A RAISON DE			DÉDUCTION.
6 %	7 %	8 %		6 %	7 %	8 %	
336.60	288.52	252.45	5.61	360.60	309.09	270.45	6.01
337.20	289.03	252.90	5.62	361.20	309.60	270.90	6.02
337.80	289.55	253.35	5.63	361.80	310.12	271.35	6.03
338.40	290.06	253.80	5.64	362.40	310.63	271.80	6.04
339.00	290.58	254.25	5.65	363.00	311.15	272.25	6.05
339.60	291.09	254.70	5.66	363.60	311.66	272.70	6.06
340.20	291.60	255.15	5.67	364.20	312.18	273.15	6.07
340.80	292.12	255.60	5.68	364.80	312.69	273.60	6.08
341.40	292.63	256.05	5.69	365.40	313.20	274.05	6.09
342.00	293.15	256.50	5.70	366.00	313.72	274.50	6.10
342.60	293.66	256.95	5.71	366.60	314.23	274.95	6.11
343.20	294.18	257.40	5.72	367.20	314.75	275.40	6.12
343.80	294.69	257.85	5.73	367.80	315.26	275.85	6.13
344.40	295.20	258.30	5.74	368.40	315.78	276.30	6.14
345.00	295.72	258.75	5.75	369.00	316.29	276.75	6.15
345.60	296.23	259.20	5.76	369.60	316.80	277.20	6.16
346.20	296.75	259.65	5.77	370.20	317.32	277.65	6.17
346.80	297.26	260.10	5.78	370.80	317.83	278.10	6.18
347.40	297.78	260.55	5.79	371.40	318.35	278.55	6.19
348.00	298.29	261.00	5.80	372.00	318.86	279.00	6.20
348.60	298.80	261.45	5.81	372.60	319.38	279.45	6.21
349.20	299.32	261.90	5.82	373.20	319.89	279.90	6.22
349.80	299.83	262.35	5.83	373.80	320.40	280.35	6.23
350.40	300.35	262.80	5.84	374.40	320.92	280.80	6.24
351.00	300.86	263.25	5.85	375.00	321.43	281.25	6.25
351.60	301.38	263.70	5.86	375.60	321.95	281.70	6.26
352.20	301.89	264.15	5.87	376.20	322.46	282.15	6.27
352.80	302.40	264.60	5.88	376.80	322.98	282.60	6.28
353.40	302.92	265.05	5.89	377.40	323.49	283.05	6.29
354.00	303.43	265.50	5.90	378.00	324.00	283.50	6.30
354.60	303.95	265.95	5.91	378.60	324.52	283.95	6.31
355.20	304.46	266.40	5.92	379.20	325.03	284.40	6.32
355.80	304.98	266.85	5.93	379.80	325.55	284.85	6.33
356.40	305.49	267.30	5.94	380.40	326.06	285.30	6.34
357.00	306.00	267.75	5.95	381.00	326.58	285.75	6.35
357.60	306.52	268.20	5.96	381.60	327.09	286.20	6.36
358.20	307.03	268.65	5.97	382.20	327.60	286.65	6.37
358.80	307.55	269.10	5.98	382.80	328.12	287.10	6.38
359.40	308.06	269.55	5.99	383.40	328.63	287.55	6.39
360.00	308.58	270.00	6.00	384.00	329.15	288.00	6.40

NOMBRES sur lesquels est calculée LA DÉDUCTION A RAISON DE			DÉDUCTION.	NOMBRES sur lesquels est calculée LA DÉDUCTION A RAISON DE			DÉDUCTION.
6 %	7 %	8 %		6 %	7 %	8 %	
384.60	329.66	288.45	6.41	408.60	350.23	306.45	6.81
385.20	330.18	288.90	6.42	409.20	350.75	306.90	6.82
385.80	330.69	289.35	6.43	409.80	351.26	307.35	6.83
386.40	331.20	289.80	6.44	410.40	351.78	307.80	6.84
387.00	331.72	290.25	6.45	411.00	352.29	308.25	6.85
387.60	332.23	290.70	6.46	411.60	352.80	308.70	6.86
388.20	332.75	291.15	6.47	412.20	353.32	309.15	6.87
388.80	333.26	291.60	6.48	412.80	353.83	309.60	6.88
389.40	333.78	292.05	6.49	413.40	354.35	310.05	6.89
390.00	334.29	292.50	6.50	414.00	354.86	310.50	6.90
390.60	334.80	292.95	6.51	414.60	355.38	310.95	6.91
391.20	335.32	293.40	6.52	415.20	355.89	311.40	6.92
391.80	335.83	293.85	6.53	415.80	356.40	311.85	6.93
392.40	336.35	294.30	6.54	416.40	356.92	312.30	6.94
393.00	336.86	294.75	6.55	417.00	357.43	312.75	6.95
393.60	337.38	295.20	6.56	417.60	357.95	313.20	6.96
394.20	337.89	295.65	6.57	418.20	358.46	313.65	6.97
394.80	338.40	296.10	6.58	418.80	358.98	314.10	6.98
395.40	338.92	296.55	6.59	419.40	359.49	314.55	6.99
396.00	339.43	297.00	6.60	420.00	360.00	315.00	7.00
396.60	339.95	297.45	6.61	420.60	360.52	315.45	7.01
397.20	340.46	297.90	6.62	421.20	361.03	315.90	7.02
397.80	340.98	298.35	6.63	421.80	361.55	316.35	7.03
398.40	341.49	298.80	6.64	422.40	362.06	316.80	7.04
399.00	342.00	299.25	6.65	423.00	362.58	317.25	7.05
399.60	342.52	299.70	6.66	423.60	363.09	317.70	7.06
400.20	343.03	300.15	6.67	424.20	363.60	318.15	7.07
400.80	343.55	300.60	6.68	424.80	364.12	318.60	7.08
401.40	344.06	301.05	6.69	425.40	364.63	319.05	7.09
402.00	344.58	301.50	6.70	426.00	365.15	319.50	7.10
402.60	345.09	301.95	6.71	426.60	365.66	319.95	7.11
403.20	345.60	302.40	6.72	427.20	366.18	320.40	7.12
403.80	346.12	302.85	6.73	427.80	366.69	320.85	7.13
404.40	346.63	303.30	6.74	428.40	367.20	321.30	7.14
405.00	347.15	303.75	6.75	429.00	367.72	321.75	7.15
405.60	347.66	304.20	6.76	429.60	368.23	322.20	7.16
406.20	348.18	304.65	6.77	430.20	368.75	322.65	7.17
406.80	348.69	305.10	6.78	430.80	369.26	323.10	7.18
407.40	349.20	305.55	6.79	431.40	369.78	323.55	7.19
408.00	349.72	306.00	6.80	432.00	370.29	324.00	7.20

NOMBRES sur lesquels est calculée LA DÉDUCTION A RAISON DE			DÉDUCTION.	NOMBRES sur lesquels est calculée LA DÉDUCTION A RAISON DE			DÉDUCTION.
6 %	7 %	8 %		6 %	7 %	8 %	
432.60	370.80	324.45	7.21	456.60	391.38	342.45	7.61
433.20	371.32	324.90	7.22	457.20	391.89	342.90	7.62
433.80	371.83	325.35	7.23	457.80	392.40	343.35	7.63
434.40	372.35	325.80	7.24	458.40	392.92	343.80	7.64
435.00	372.86	326.25	7.25	459.00	393.43	344.25	7.65
435.60	373.38	326.70	7.26	459.60	393.95	344.70	7.66
436.20	373.89	327.15	7.27	460.20	394.46	345.15	7.67
436.80	374.40	327.60	7.28	460.80	394.98	345.60	7.68
437.40	374.92	328.05	7.29	461.40	395.49	346.05	7.69
438.00	375.43	328.50	7.30	462.00	396.00	346.50	7.70
438.60	375.95	328.95	7.31	462.60	396.52	346.95	7.71
439.20	376.46	329.40	7.32	463.20	397.03	347.40	7.72
439.80	376.98	329.85	7.33	463.80	397.55	347.85	7.73
440.40	377.49	330.30	7.34	464.40	398.06	348.30	7.74
441.00	378.00	330.75	7.35	465.00	398.58	348.75	7.75
441.60	378.52	331.20	7.36	465.60	399.09	349.20	7.76
442.20	379.03	331.65	7.37	466.20	399.60	349.65	7.77
442.80	379.55	332.10	7.38	466.80	400.12	350.10	7.78
443.40	380.06	332.55	7.39	467.40	400.63	350.55	7.79
444.00	380.58	333.00	7.40	468.00	401.15	351.00	7.80
444.60	381.09	333.45	7.41	468.60	401.66	351.45	7.81
445.20	381.60	333.90	7.42	469.20	402.18	351.90	7.82
445.80	382.12	334.35	7.43	469.80	402.69	352.35	7.83
446.40	382.63	334.80	7.44	470.40	403.20	352.80	7.84
447.00	383.15	335.25	7.45	471.00	403.72	353.25	7.85
447.60	383.66	335.70	7.46	471.60	404.23	353.70	7.86
448.20	384.18	336.15	7.47	472.20	404.75	354.15	7.87
448.80	384.69	336.60	7.48	472.80	405.26	354.60	7.88
449.40	385.20	337.05	7.49	473.40	405.78	355.05	7.89
450.00	385.72	337.50	7.50	474.00	406.29	355.50	7.90
450.60	386.23	337.95	7.51	474.60	406.80	355.95	7.91
451.20	386.75	338.40	7.52	475.20	407.32	356.40	7.92
451.80	387.26	338.85	7.53	475.80	407.83	356.85	7.93
452.40	387.78	339.30	7.54	476.40	408.35	357.30	7.94
453.00	388.29	339.75	7.55	477.00	408.86	357.75	7.95
453.60	388.80	340.20	7.56	477.60	409.38	358.20	7.96
454.20	389.32	340.65	7.57	478.20	409.89	358.65	7.97
454.80	389.83	341.10	7.58	478.80	410.40	359.10	7.98
455.40	390.35	341.55	7.59	479.40	410.92	359.55	7.99
456.00	390.86	342.00	7.60	480.00	411.43	360.00	8.00

NOMBRES sur lesquels est calculée LA DÉDUCTION A RAISON DE			DÉDUCTION.	NOMBRES sur lesquels est calculée LA DÉDUCTION A RAISON DE			DÉDUCTION.
6 %	7 %	8 %		6 %	7 %	8 %	
480.60	411.95	360.45	8.01	504.60	432.52	378.45	8.41
481.20	412.40	360.90	8.02	505.20	433.03	378.90	8.42
481.80	412.98	361.35	8.03	505.80	433.55	379.35	8.43
482.40	413.49	361.80	8.04	506.40	434.06	379.80	8.44
483.00	414.00	362.25	8.05	507.00	434.58	380.25	8.45
483.60	414.52	362.70	8.06	507.60	435.09	380.70	8.46
484.20	415.03	363.15	8.07	508.20	435.60	381.15	8.47
484.80	415.55	363.60	8.08	508.80	436.12	381.60	8.48
485.40	416.06	364.05	8.09	509.40	436.63	382.05	8.49
486.00	416.58	364.50	8.10	510.00	437.15	382.50	8.50
486.60	417.09	364.95	8.11	510.60	437.66	382.95	8.51
487.20	417.60	365.40	8.12	511.20	438.18	383.40	8.52
487.80	418.12	365.85	8.13	511.80	438.69	383.85	8.53
488.40	418.63	366.30	8.14	512.40	439.20	384.30	8.54
489.00	419.15	366.75	8.15	513.00	439.72	384.75	8.55
489.60	419.66	367.20	8.16	513.60	440.23	385.20	8.56
490.20	420.18	367.65	8.17	514.20	440.75	385.65	8.57
490.80	420.69	368.10	8.18	514.80	441.26	386.10	8.58
491.40	421.20	368.55	8.19	515.40	441.78	386.55	8.59
492.00	421.72	369.00	8.20	516.00	442.29	387.00	8.60
492.60	422.23	369.45	8.21	516.60	442.80	387.45	8.61
493.20	422.75	369.90	8.22	517.20	443.32	387.90	8.62
493.80	423.26	370.35	8.23	517.80	443.83	388.35	8.63
494.40	423.78	370.80	8.24	518.40	444.35	388.80	8.64
495.00	424.29	371.25	8.25	519.00	444.86	389.25	8.65
495.60	424.80	371.70	8.26	519.60	445.38	389.70	8.66
496.20	425.32	372.15	8.27	520.20	445.89	390.15	8.67
496.80	425.83	372.60	8.28	520.80	446.40	390.60	8.68
497.40	426.35	373.05	8.29	521.40	446.92	391.05	8.69
498.00	426.86	373.50	8.30	522.00	447.43	391.50	8.70
498.60	427.38	373.95	8.31	522.60	447.95	391.95	8.71
499.20	427.89	374.40	8.32	523.20	448.46	392.40	8.72
499.80	428.40	374.85	8.33	523.80	448.98	392.85	8.73
500.40	428.92	375.30	8.34	524.40	449.49	393.30	8.74
501.00	429.43	375.75	8.35	525.00	450.00	393.75	8.75
501.60	429.95	376.20	8.36	525.60	450.52	394.20	8.76
502.20	430.46	376.65	8.37	526.20	451.03	394.65	8.77
502.80	430.98	377.10	8.38	526.80	451.55	395.10	8.78
503.40	431.49	377.55	8.39	527.40	452.06	395.55	8.79
504.00	432.00	378.00	8.40	528.00	452.58	396.00	8.80

NOMBRES sur lesquels est calculée LA DÉDUCTION A RAISON DE			DÉDUCTION.	NOMBRES sur lesquels est calculée LA DÉDUCTION A RAISON DE			DÉDUCTION.
6 %	7 %	8 %		6 %	7 %	8 %	
528,60	453,09	396,45	8,81	552,60	473,66	414,45	9,21
529,20	453,60	396,90	8,82	553,20	474,18	414,90	9,22
529,80	454,12	397,35	8,83	553,80	474,69	415,35	9,23
530,40	454,63	397,80	8,84	554,40	475,20	415,80	9,24
531,00	455,15	398,25	8,85	555,00	475,72	416,25	9,25
531,60	455,66	398,70	8,86	555,60	476,23	416,70	9,26
532,20	456,18	399,15	8,87	556,20	476,75	417,15	9,27
532,80	456,69	399,60	8,88	556,80	477,26	417,60	9,28
533,40	457,20	400,05	8,89	557,40	477,78	418,05	9,29
534,00	457,72	400,50	8,90	558,00	478,29	418,50	9,30
534,60	458,23	400,95	8,91	558,60	478,80	418,95	9,31
535,20	458,75	401,40	8,92	559,20	479,32	419,40	9,32
535,80	459,26	401,85	8,93	559,80	479,83	419,85	9,33
536,40	459,78	402,30	8,94	560,40	480,35	420,30	9,34
537,00	460,29	402,75	8,95	561,00	480,86	420,75	9,35
537,60	460,80	403,20	8,96	561,60	481,38	421,20	9,36
538,20	461,32	403,65	8,97	562,20	481,89	421,65	9,37
538,80	461,83	404,10	8,98	562,80	482,40	422,10	9,38
539,40	462,35	404,55	8,99	563,40	482,92	422,55	9,39
540,00	462,86	405,00	9,00	564,00	483,43	423,00	9,40
540,60	463,38	405,45	9,01	564,60	483,95	423,45	9,41
541,20	463,89	405,90	9,02	565,20	484,46	423,90	9,42
541,80	464,40	406,35	9,03	565,80	484,98	424,35	9,43
542,40	464,92	406,80	9,04	566,40	485,49	424,80	9,44
543,00	465,43	407,25	9,05	567,00	486,00	425,25	9,45
543,60	465,95	407,70	9,06	567,60	486,52	425,70	9,46
544,20	466,46	408,15	9,07	568,20	487,03	426,15	9,47
544,80	466,98	408,60	9,08	568,80	487,55	426,60	9,48
545,40	467,49	409,05	9,09	569,40	488,06	427,05	9,49
546,00	468,00	409,50	9,10	570,00	488,58	427,50	9,50
546,60	468,52	409,95	9,11	570,60	489,09	427,95	9,51
547,20	469,03	410,40	9,12	571,20	489,60	428,40	9,52
547,80	469,55	410,85	9,13	571,80	490,12	428,85	9,53
548,40	470,06	411,30	9,14	572,40	490,63	429,30	9,54
549,00	470,58	411,75	9,15	573,00	491,15	429,75	9,55
549,60	471,09	412,20	9,16	573,60	491,66	430,20	9,56
550,20	471,60	412,65	9,17	574,20	492,18	430,65	9,57
550,80	472,12	413,10	9,18	574,80	492,69	431,10	9,58
551,40	472,63	413,55	9,19	575,40	493,20	431,55	9,59
552,00	473,15	414,00	9,20	576,00	493,72	432,00	9,60

NOMBRES sur lesquels est calculée LA DÉDUCTION A RAISON DE			DÉDUCTION.	NOMBRES sur lesquels est calculée LA DÉDUCTION A RAISON DE			DÉDUCTION.
6 %	7 %	8 %		6 %	7 %	8 %	
576.60	494.23	432.45	9.61	600.60	514.80	450.45	10.01
577.20	494.75	432.90	9.62	601.20	515.32	450.90	10.02
577.80	495.26	433.35	9.63	601.80	515.83	451.35	10.03
578.40	495.78	433.80	9.64	602.40	516.35	451.80	10.04
579.00	496.29	434.25	9.65	603.00	516.86	452.25	10.05
579.60	496.80	434.70	9.66	603.60	517.38	452.70	10.06
580.20	497.32	435.15	9.67	604.20	517.89	453.15	10.07
580.80	497.83	435.60	9.68	604.80	518.40	453.60	10.08
581.40	498.35	436.05	9.69	605.40	518.92	454.05	10.09
582.00	498.86	436.50	9.70	606.00	519.43	454.50	10.10
582.60	499.38	436.95	9.71	606.60	519.95	454.95	10.11
583.20	499.89	437.40	9.72	607.20	520.46	455.40	10.12
583.80	500.40	437.85	9.73	607.80	520.98	455.85	10.13
584.40	500.92	438.30	9.74	608.40	521.49	456.30	10.14
585.00	501.43	438.75	9.75	609.00	522.00	456.75	10.15
585.60	501.95	439.20	9.76	609.60	522.52	457.20	10.16
586.20	502.46	439.65	9.77	610.20	523.03	457.65	10.17
586.80	502.98	440.10	9.78	610.80	523.55	458.10	10.18
587.40	503.49	440.55	9.79	611.40	524.06	458.55	10.19
588.00	504.00	441.00	9.80	612.00	524.58	459.00	10.20
588.60	504.52	441.45	9.81	612.60	525.09	459.45	10.21
589.20	505.03	441.90	9.82	613.20	525.60	459.90	10.22
589.80	505.55	442.35	9.83	613.80	526.12	460.35	10.23
590.40	506.06	442.80	9.84	614.40	526.63	460.80	10.24
591.00	506.58	443.25	9.85	615.00	527.15	461.25	10.25
591.60	507.09	443.70	9.86	615.60	527.66	461.70	10.26
592.20	507.60	444.15	9.87	616.20	528.18	462.15	10.27
592.80	508.12	444.60	9.88	616.80	528.69	462.60	10.28
593.40	508.63	445.05	9.89	617.40	529.20	463.05	10.29
594.00	509.15	445.50	9.90	618.00	529.72	463.50	10.30
594.60	509.66	445.95	9.91	618.60	530.23	463.95	10.31
595.20	510.18	446.40	9.92	619.20	530.75	464.40	10.32
595.80	510.69	446.85	9.93	619.80	531.26	464.85	10.33
596.40	511.20	447.30	9.94	620.40	531.78	465.30	10.34
597.00	511.72	447.75	9.95	621.00	532.29	465.75	10.35
597.60	512.23	448.20	9.96	621.60	532.80	466.20	10.36
598.20	512.75	448.65	9.97	622.20	533.32	466.65	10.37
598.80	513.26	449.10	9.98	622.80	533.83	467.10	10.38
599.40	513.78	449.55	9.99	623.40	534.35	467.55	10.39
600.00	514.29	450.00	10.00	624.00	534.86	468.00	10.40

NOMBRES sur lesquels est calculée LA DÉDUCTION A RAISON DE			DÉDUCTION.	NOMBRES sur lesquels est calculée LA DÉDUCTION A RAISON DE			DÉDUCTION.
6 %	7 %	8 %		6 %	7 %	8 %	
624.60	535.38	468.45	10.41	648.60	555.95	486.45	10.81
625.20	535.89	468.90	10.42	649.20	556.46	486.90	10.82
625.80	536.40	469.35	10.43	649.80	556.98	487.35	10.83
626.40	536.92	469.80	10.44	650.40	557.49	487.80	10.84
627.00	537.43	470.25	10.45	651.00	558.00	488.25	10.85
627.60	537.95	470.70	10.46	651.60	558.52	488.70	10.86
628.20	538.46	471.15	10.47	652.20	559.03	489.15	10.87
628.80	538.98	471.60	10.48	652.80	559.55	489.60	10.88
629.40	539.49	472.05	10.49	653.40	560.06	490.05	10.89
630.00	540.00	472.50	10.50	654.00	560.58	490.50	10.90
630.60	540.52	472.95	10.51	654.60	561.09	490.95	10.91
631.20	541.03	473.40	10.52	655.20	561.60	491.40	10.92
631.80	541.55	473.85	10.53	655.80	562.12	491.85	10.93
632.40	542.06	474.30	10.54	656.40	562.63	492.30	10.94
633.00	542.58	474.75	10.55	657.00	563.15	492.75	10.95
633.60	543.09	475.20	10.56	657.60	563.66	493.20	10.96
634.20	543.60	475.65	10.57	658.20	564.18	493.65	10.97
634.80	544.12	476.10	10.58	658.80	564.69	494.10	10.98
635.40	544.63	476.55	10.59	659.40	565.20	494.55	10.99
636.00	545.15	477.00	10.60	660.00	565.72	495.00	11.00
636.60	545.66	477.45	10.61	660.60	566.23	495.45	11.01
637.20	546.18	477.90	10.62	661.20	566.75	495.90	11.02
637.80	546.69	478.35	10.63	661.80	567.26	496.35	11.03
638.40	547.20	478.80	10.64	662.40	567.78	496.80	11.04
639.00	547.72	479.25	10.65	663.00	568.29	497.25	11.05
639.60	548.23	479.70	10.66	663.60	568.80	497.70	11.06
640.20	548.75	480.15	10.67	664.20	569.32	498.15	11.07
640.80	549.26	480.60	10.68	664.80	569.83	498.60	11.08
641.40	549.78	481.05	10.69	665.40	570.35	499.05	11.09
642.00	550.29	481.50	10.70	666.00	570.86	499.50	11.10
642.60	550.80	481.95	10.71	666.60	571.38	499.95	11.11
643.20	551.32	482.40	10.72	667.20	571.89	500.40	11.12
643.80	551.83	482.85	10.73	667.80	572.40	500.85	11.13
644.40	552.35	483.30	10.74	668.40	572.92	501.30	11.14
645.00	552.86	483.75	10.75	669.00	573.43	501.75	11.15
645.60	553.38	484.20	10.76	669.60	573.95	502.20	11.16
646.20	553.89	484.65	10.77	670.20	574.46	502.65	11.17
646.80	554.40	485.10	10.78	670.80	574.98	503.10	11.18
647.40	554.92	485.55	10.79	671.40	575.49	503.55	11.19
648.00	555.43	486.00	10.80	672.00	576.00	504.00	11.20

NOMBRES sur lesquels est calculée LA DÉDUCTION A RAISON DE			DÉDUCTION.	NOMBRES sur lesquels est calculée LA DÉDUCTION A RAISON DE			DÉDUCTION.
6 %	7 %	8 %		6 %	7 %	8 %	
672.60	576.52	504.45	11.21	696.60	597.09	522.45	11.61
673.20	577.03	504.90	11.22	697.20	597.60	522.90	11.62
673.80	577.55	505.35	11.23	697.80	598.12	523.35	11.63
674.40	578.06	505.80	11.24	698.40	598.63	523.80	11.64
675.00	578.58	506.25	11.25	699.00	599.15	524.25	11.65
675.60	579.09	506.70	11.26	699.60	599.66	524.70	11.66
676.20	579.60	507.15	11.27	700.20	600.18	525.15	11.67
676.80	580.12	507.60	11.28	700.80	600.69	525.60	11.68
677.40	580.63	508.05	11.29	701.40	601.20	526.05	11.69
678.00	581.15	508.50	11.30	702.00	601.72	526.50	11.70
678.60	581.66	508.95	11.31	702.60	602.23	526.95	11.71
679.20	582.18	509.40	11.32	703.20	602.75	527.40	11.72
679.80	582.69	509.85	11.33	703.80	603.26	527.85	11.73
680.40	583.20	510.30	11.34	704.40	603.78	528.30	11.74
681.00	583.72	510.75	11.35	705.00	604.29	528.75	11.75
681.60	584.23	511.20	11.36	705.60	604.80	529.20	11.76
682.20	584.75	511.65	11.37	706.20	605.32	529.65	11.77
682.80	585.26	512.10	11.38	706.80	605.83	530.10	11.78
683.40	585.78	512.55	11.39	707.40	606.35	530.55	11.79
684.00	586.29	513.00	11.40	708.00	606.86	531.00	11.80
684.60	586.80	513.45	11.41	708.60	607.38	531.45	11.81
685.20	587.32	513.90	11.42	709.20	607.89	531.90	11.82
685.80	587.83	514.35	11.43	709.80	608.40	532.35	11.83
686.40	588.35	514.80	11.44	710.40	608.92	532.80	11.84
687.00	588.86	515.25	11.45	711.00	609.43	533.25	11.85
687.60	589.38	515.70	11.46	711.60	609.95	533.70	11.86
688.20	589.89	516.15	11.47	712.20	610.46	534.15	11.87
688.80	590.40	516.60	11.48	712.80	610.98	534.60	11.88
689.40	590.92	517.05	11.49	713.40	611.49	535.05	11.89
690.00	591.43	517.50	11.50	714.00	612.00	535.50	11.90
690.60	591.95	517.95	11.51	714.60	612.52	535.95	11.91
691.20	592.46	518.40	11.52	715.20	613.03	536.40	11.92
691.80	592.98	518.85	11.53	715.80	613.55	536.85	11.93
692.40	593.49	519.30	11.54	716.40	614.06	537.30	11.94
693.00	594.00	519.75	11.55	717.00	614.58	537.75	11.95
693.60	594.52	520.20	11.56	717.60	615.09	538.20	11.96
694.20	595.03	520.65	11.57	718.20	615.60	538.65	11.97
694.80	595.55	521.10	11.58	718.80	616.12	539.10	11.98
695.40	596.06	521.55	11.59	719.40	616.63	539.55	11.99
696.00	596.58	522.00	11.60	720.00	617.15	540.00	12.00

NOMBRES sur lesquels est calculée LA DÉDUCTION A RAISON DE			DÉDUCTION.	NOMBRES sur lesquels est calculée LA DÉDUCTION A RAISON DE			DÉDUCTION.
6 %	7 %	8 %		6 %	7 %	8 %	
720,60	617,66	540,45	12.01	744,60	638,23	558,45	12.41
721,20	618,18	540,90	12.02	745,20	638,75	558,90	12.42
721,80	618,69	541,35	12.03	745,80	639,26	559,35	12.43
722,40	619,20	541,80	12.04	746,40	639,78	559,80	12.44
723,00	619,72	542,25	12.05	747,00	640,29	560,25	12.45
723,60	620,23	542,70	12.06	747,60	640,80	560,70	12.46
724,20	620,75	543,15	12.07	748,20	641,32	561,15	12.47
724,80	621,26	543,60	12.08	748,80	641,83	561,60	12.48
725,40	621,78	544,05	12.09	749,40	642,35	562,05	12.49
726,00	622,29	544,50	12.10	750,00	642,86	562,50	12.50
726,60	622,80	544,95	12.11	750,60	643,38	562 95	12.51
727,20	623,32	545,40	12.12	751,20	643,89	563,40	12.52
727,80	623,83	545,85	12.13	751,80	644,40	563,85	12.53
728,40	624,35	546,30	12.14	752,40	644,92	564,30	12.54
729,00	624,86	546,75	12.15	753,00	645,43	564,75	12.55
729,60	625,38	547,20	12.16	753,60	645 95	565,20	12.56
730,20	625,89	547,65	12.17	754,20	646,46	565,65	12 57
730,80	626,40	548,10	12.18	754,80	646,98	566,10	12.58
731,40	626,92	548,55	12.19	755,40	647,49	566,55	12.59
732,00	627,43	549,00	12.20	756,00	648,00	567,00	12.60
732,60	627,95	549,45	12.21	756,60	648,52	567,45	12.61
733,20	628,46	549,90	12.22	757,20	649,03	567,90	12.62
733,80	628,98	550,35	12.23	757,80	649,55	568,35	12.63
734,40	629,49	550,80	12.24	758,40	650,06	568,80	12.64
735,00	630,00	551,25	12.25	759,00	650,58	569,25	12.65
735,60	630,52	551,70	12.26	759,60	651,09	569,70	12.66
736,20	631,03	552,15	12.27	760,20	651,60	570,15	12.67
736,80	631,55	552,60	12.28	760,80	652,12	570,60	12.68
737,40	632,06	553,05	12.29	761,40	652,63	571,05	12.69
738,00	632,58	553,50	12.30	762,00	653,15	571,50	12.70
738,60	633,09	553,95	12.31	762,60	653,66	571 95	12.71
739,20	633,60	554,40	12.32	763,20	654,18	572,40	12.72
739,80	634,12	554,85	12.33	763,80	654,69	572,85	12.73
740,40	634,63	555,30	12.34	764,40	655,20	573,30	12.74
741,00	635,15	555,75	12.35	765,00	655,72	573,75	12.75
741,60	635,66	556,20	12.36	765,60	656,23	574,20	12.76
742,20	636,18	556,65	12.37	766,20	656,75	574,65	12.77
742,80	636,69	557,10	12.38	766,80	657,26	575,10	12.78
743,40	637,20	557,55	12.39	767,40	657,78	575,55	12.79
744,00	637,72	558,00	12.40	768,00	658,29	576,00	12.80

NOMBRES sur lesquels est calculée LA DÉDUCTION A RAISON DE			DÉDUCTION.	NOMBRES sur lesquels est calculée LA DÉDUCTION A RAISON DE			DÉDUCTION.
6 %	7 %	8 %		6 %	7 %	8 %	
768.60	658.80	576.45	12.81	792.60	679.38	594.45	13.21
769.20	659.32	576.90	12.82	793.20	679.89	594.90	13.22
769.80	659.83	577.35	12.83	793.80	680.40	595.35	13.23
770.40	660.35	577.80	12.84	794.40	680.92	595.80	13.24
771.00	660.86	578.25	12.85	795.00	681.43	596.25	13.25
771.60	661.38	578.70	12.86	795.60	681.95	596.70	13.26
772.20	661.89	579.15	12.87	796.20	682.46	597.15	13.27
772.80	662.40	579.60	12.88	796.80	682.98	597.60	13.28
773.40	662.92	580.05	12.89	797.40	683.49	598.05	13.29
774.00	663.43	580.50	12.90	798.00	684.00	598.50	13.30
774.60	663.95	580.95	12.91	798.60	684.52	598.95	13.31
775.20	664.46	581.40	12.92	799.20	685.03	599.40	13.32
775.80	664.98	581.85	12.93	799.80	685.55	599.85	13.33
776.40	665.49	582.30	12.94	800.40	686.06	600.30	13.34
777.00	666.00	582.75	12.95	801.00	686.58	600.75	13.35
777.60	666.52	583.20	12.96	801.60	687.09	601.20	13.36
778.20	667.03	583.65	12.97	802.20	687.60	601.65	13.37
778.80	667.55	584.10	12.98	802.80	688.12	602.10	13.38
779.40	668.06	584.55	12.99	803.40	688.63	602.55	13.39
780.00	668.58	585.00	13.00	804.00	689.15	603.00	13.40
780.60	669.09	585.45	13.01	804.60	689.66	603.45	13.41
781.20	669.60	585.90	13.02	805.20	690.18	603.90	13.42
781.80	670.12	586.35	13.03	805.80	690.69	604.35	13.43
782.40	670.63	586.80	13.04	806.40	691.20	604.80	13.44
783.00	671.15	587.25	13.05	807.00	691.72	605.25	13.45
783.60	671.66	587.70	13.06	807.60	692.23	605.70	13.46
784.20	672.18	588.15	13.07	808.20	692.75	606.15	13.47
784.80	672.69	588.60	13.08	808.80	693.26	606.60	13.48
785.40	673.20	589.05	13.09	809.40	693.78	607.05	13.49
786.00	673.72	589.50	13.10	810.00	694.29	607.50	13.50
786.60	674.23	589.95	13.11	810.60	694.80	607.95	13.51
787.20	674.75	590.40	13.12	811.20	695.32	608.40	13.52
787.80	675.26	590.85	13.13	811.80	695.83	608.85	13.53
788.40	675.78	591.30	13.14	812.40	696.35	609.30	13.54
789.00	676.29	591.75	13.15	813.00	696.86	609.75	13.55
789.60	676.80	592.20	13.16	813.60	697.38	610.20	13.56
790.20	677.32	592.65	13.17	814.20	697.89	610.65	13.57
790.80	677.83	593.10	13.18	814.80	698.40	611.10	13.58
791.40	678.35	593.55	13.19	815.40	698.92	611.55	13.59
792.00	678.86	594.00	13.20	816.00	699.43	612.00	13.60

NOMBRES sur lesquels est calculée LA DÉDUCTION A RAISON DE			DÉDUCTION.	NOMBRES sur lesquels est calculée LA DÉDUCTION A RAISON DE			DÉDUCTION.
6 %	7 %	8 %		6 %	7 %	8 %	
816.60	699.95	612.45	13.61	840.60	720.52	630.45	14.01
817.20	700.46	612.90	13.62	841.20	721.03	630.90	14.02
817.80	700.98	613.35	13.63	841.80	721.55	631.35	14.03
818.40	701.49	613.80	13.64	842.40	722.06	631.80	14.04
819.00	702.00	614.25	13.65	843.00	722.58	632.25	14.05
819.60	702.52	614.70	13.66	843.60	723.09	632.70	14.06
820.20	703.03	615.15	13.67	844.20	723.60	633.15	14.07
820.80	703.55	615.60	13.68	844.80	724.12	633.60	14.08
821.40	704.06	616.05	13.69	845.40	724.63	634.05	14.09
822.00	704.58	616.50	13.70	846.00	725.15	634.50	14.10
822.60	705.09	616.95	13.71	846.60	725.66	634.95	14.11
823.20	705.60	617.40	13.72	847.20	726.18	635.40	14.12
823.80	706.12	617.85	13.73	847.80	726.69	635.85	14.13
824.40	706.63	618.30	13.74	848.40	727.20	636.30	14.14
825.00	707.15	618.75	13.75	849.00	727.72	636.75	14.15
825.60	707.66	619.20	13.76	849.60	728.23	637.20	14.16
826.20	708.18	619.65	13.77	850.20	728.75	637.65	14.17
826.80	708.69	620.10	13.78	850.80	729.26	638.10	14.18
827.40	709.20	620.55	13.79	851.40	729.78	638.55	14.19
828.00	709.72	621.00	13.80	852.00	730.29	639.00	14.20
828.60	710.23	621.45	13.81	852.60	730.80	639.45	14.21
829.20	710.75	621.90	13.82	853.20	731.32	639.90	14.22
829.80	711.26	622.35	13.83	853.80	731.83	640.35	14.23
830.40	711.78	622.80	13.84	854.40	732.35	640.80	14.24
831.00	712.29	623.25	13.85	855.00	732.86	641.25	14.25
831.60	712.80	623.70	13.86	855.60	733.38	641.70	14.26
832.20	713.32	624.15	13.87	856.20	733.89	642.15	14.27
832.80	713.83	624.60	13.88	856.80	734.40	642.60	14.28
833.40	714.35	625.05	13.89	857.40	734.92	643.05	14.29
834.00	714.86	625.50	13.90	858.00	735.43	643.50	14.30
834.60	715.38	625.95	13.91	858.60	735.95	643.95	14.31
835.20	715.89	626.40	13.92	859.20	736.46	644.40	14.32
835.80	716.40	626.85	13.93	859.80	736.98	644.85	14.33
836.40	716.92	627.30	13.94	860.40	737.49	645.30	14.34
837.00	717.43	627.75	13.95	861.00	738.00	645.75	14.35
837.60	717.95	628.20	13.96	861.60	738.52	646.20	14.36
838.20	718.46	628.65	13.97	862.20	739.03	646.65	14.37
838.80	718.98	629.10	13.98	862.80	739.55	647.10	14.38
839.40	719.49	629.55	13.99	863.40	740.06	647.55	14.39
840.00	720.00	630.00	14.00	864.00	740.58	648.00	14.40

NOMBRES sur lesquels est calculée LA DÉDUCTION A RAISON DE			DÉDUCTION.	NOMBRES sur lesquels est calculée LA DÉDUCTION A RAISON DE			DÉDUCTION.
6 %	7 %	8 %		6 %	7 %	8 %	
864.60	741.09	648.45	14.41	888.60	761.66	666.45	14.81
865.20	741.60	648.90	14.42	889.20	762.18	666.90	14.82
865.80	742.12	649.35	14.43	889.80	762.69	667.35	14.83
866.40	742.63	649.80	14.44	890.40	763.20	667.80	14.84
867.00	743.15	650.25	14.45	891.00	763.72	668.25	14.85
867.60	743.66	650.70	14.46	891.60	764.23	668.70	14.86
868.20	744.18	651.15	14.47	892.20	764.75	669.15	14.87
868.80	744.69	651.60	14.48	892.80	765.26	669.60	14.88
869.40	745.20	652.05	14.49	893.40	765.78	670.05	14.89
870.00	745.72	652.50	14.50	894.00	766.29	670.50	14.90
870.60	746.23	652.95	14.51	894.60	766.80	670.95	14.91
871.20	746.75	653.40	14.52	895.20	767.32	671.40	14.92
871.80	747.26	653.85	14.53	895.80	767.83	671.85	14.93
872.40	747.78	654.30	14.54	896.40	768.35	672.30	14.94
873.00	748.29	654.75	14.55	897.00	768.86	672.75	14.95
873.60	748.80	655.20	14.56	897.60	769.38	673.20	14.96
874.20	749.32	655.65	14.57	898.20	769.89	673.65	14.97
874.80	749.83	656.10	14.58	898.80	770.40	674.10	14.98
875.40	750.35	656.55	14.59	899.40	770.92	674.55	14.99
876.00	750.86	657.00	14.60	900.00	771.43	675.00	15.00
876.60	751.38	657.45	14.61	900.60	771.95	675.45	15.01
877.20	751.89	657.90	14.62	901.20	772.46	675.90	15.02
877.80	752.40	658.35	14.63	901.80	772.98	676.35	15.03
878.40	752.92	658.80	14.64	902.40	773.49	676.80	15.04
879.00	753.43	659.25	14.65	903.00	774.00	677.25	15.05
879.60	753.95	659.70	14.66	903.60	774.52	677.70	15.06
880.20	754.46	660.15	14.67	904.20	775.03	678.15	15.07
880.80	754.98	660.60	14.68	904.80	775.55	678.60	15.08
881.40	755.49	661.05	14.69	905.40	776.06	679.05	15.09
882.00	756.00	661.50	14.70	906.00	776.58	679.50	15.10
882.60	756.52	661.95	14.71	906.60	777.09	679.95	15.11
883.20	757.03	662.40	14.72	907.20	777.60	680.40	15.12
883.80	757.55	662.85	14.73	907.80	778.12	680.85	15.13
884.40	758.06	663.30	14.74	908.40	778.63	681.30	15.14
885.00	758.58	663.75	14.75	909.00	779.15	681.75	15.15
885.60	759.09	664.20	14.76	909.60	779.66	682.20	15.16
886.20	759.60	664.65	14.77	910.20	780.18	682.65	15.17
886.80	760.12	665.10	14.78	910.80	780.69	683.10	15.18
887.40	760.63	665.55	14.79	911.40	781.20	683.55	15.19
888.00	761.15	666.00	14.80	912.00	781.72	684.00	15.20

NOMBRES sur lesquels est calculée LA DÉDUCTION A RAISON DE			DÉDUCTION.	NOMBRES sur lesquels est calculée LA DÉDUCTION A RAISON DE			DÉDUCTION.
6 %	7 %	8 %		6 %	7 %	8 %	
912.60	782.23	684.45	15.21	936.60	802.80	702.45	15.61
913.20	782.75	684.90	15.22	937.20	803.32	702.90	15.62
913.80	783.26	685.35	15.23	937.80	803.83	703.35	15.63
914.40	783.78	685.80	15.24	938.40	804.35	703.80	15.64
915.00	784.29	686.25	15.25	939.00	804.86	704.25	15.65
915.60	784.80	686.70	15.26	939.60	805.38	704.70	15.66
916.20	785.32	687.15	15.27	940.20	805.89	705.15	15.67
916.80	785.83	687.60	15.28	940.80	806.40	705.60	15.68
917.40	786.35	688.05	15.29	941.40	806.92	706.05	15.69
918.00	786.86	688.50	15.30	942.00	807.43	706.50	15.70
918.60	787.38	688.95	15.31	942.60	807.95	706.95	15.71
919.20	787.89	689.40	15.32	943.20	808.46	707.40	15.72
919.80	788.40	689.85	15.33	943.80	808.98	707.85	15.73
920.40	788.92	690.30	15.34	944.40	809.49	708.30	15.74
921.00	789.43	690.75	15.35	945.00	810.00	708.75	15.75
921.60	789.95	691.20	15.36	945.60	810.52	709.20	15.76
922.20	790.46	691.65	15.37	946.20	811.03	709.65	15.77
922.80	790.98	692.10	15.38	946.80	811.55	710.10	15.78
923.40	791.49	692.55	15.39	947.40	812.06	710.55	15.79
924.00	792.00	693.00	15.40	948.00	812.58	711.00	15.80
924.60	792.52	693.45	15.41	948.60	813.09	711.45	15.81
925.20	793.03	693.90	15.42	949.20	813.60	711.90	15.82
925.80	793.55	694.35	15.43	949.80	814.12	712.35	15.83
926.40	794.06	694.80	15.44	950.40	814.63	712.80	15.84
927.00	794.58	695.25	15.45	951.00	815.15	713.25	15.85
927.60	795.09	695.70	15.46	951.60	815.66	713.70	15.86
928.20	795.60	696.15	15.47	952.20	816.18	714.15	15.87
928.80	796.12	696.60	15.48	952.80	816.69	714.60	15.88
929.40	796.63	697.05	15.49	953.40	817.20	715.05	15.89
930.00	797.15	697.50	15.50	954.00	817.72	715.50	15.90
930.60	797.66	697.95	15.51	954.60	818.23	715.95	15.91
931.20	798.18	698.40	15.52	955.20	818.75	716.40	15.92
931.80	798.69	698.85	15.53	955.80	819.26	716.85	15.93
932.40	799.20	699.30	15.54	956.40	819.78	717.30	15.94
933.00	799.72	699.75	15.55	957.00	820.29	717.75	15.95
933.60	800.23	700.20	15.56	957.60	820.80	718.20	15.96
934.20	800.75	700.65	15.57	958.20	821.32	718.65	15.97
934.80	801.26	701.10	15.58	958.80	821.83	719.10	15.98
935.40	801.78	701.55	15.59	959.40	822.35	719.55	15.99
936.00	802.29	702.00	15.60	960.00	822.86	720.00	16.00

NOMBRES sur lesquels est calculée LA DÉDUCTION A RAISON DE			DÉDUCTION.	NOMBRES sur lesquels est calculée LA DÉDUCTION A RAISON DE			DÉDUCTION.
6 %	7 %	8 %		6 %	7 %	8 %	
960.60	823.38	720.45	16.01	984.60	843.95	738.45	16.41
961.20	823.89	720.90	16.02	985.20	844.46	738.90	16.42
961.80	824.40	721.35	16.03	985.80	844.98	739.35	16.43
962.40	824.92	721.80	16.04	986.40	845.49	739.80	16.44
963.00	825.43	722.25	16.05	987.00	846.00	740 25	16.45
963.60	825.95	722.70	16.06	987.60	846.52	740.70	16.46
964.20	826.46	723.15	16.07	988.20	847.03	741.15	16.47
964.80	826.98	723.60	16.08	988.80	847.55	741.60	16.48
965.40	827.49	724.05	16.09	989.40	848.06	742.05	16.49
966.00	828.00	724.50	16.10	990.00	848.58	742.50	16.50
966.60	828.52	724.95	16.11	990.60	849.09	742.95	16.51
967.20	829.03	725.40	16.12	991.20	849.60	743.40	16.52
967.80	829.55	725.85	16.13	991.80	850.12	743.85	16.53
968.40	830.06	726.30	16.14	992.40	850.63	744.30	16.54
969.00	830.58	726.75	16.15	993.00	851.15	744.75	16.55
969.60	831.09	727.20	16.16	993.60	851.66	745.20	16.56
970.20	831.60	727.65	16.17	994.20	852.18	745.65	16.57
970.80	832.12	728.10	16.18	994.80	852.69	746.10	16.58
971.40	832.63	728.55	16.19	995.40	853.20	746.55	16.59
972.00	833.15	729.00	16.20	996.00	853.72	747.00	16.60
972.60	833.66	729.45	16.21	996.60	854.23	747.45	16.61
973.20	834.18	729.90	16.22	997.20	854.75	747.90	16.62
973.80	834.69	730.35	16.23	997.80	855.26	748.35	16.63
974.40	835.20	730.80	16.24	998.40	855.78	748.80	16.64
975.00	835.72	731.25	16.25	999.00	856.29	749.25	16.65
975.60	836.23	731.70	16.26	999.60	856.80	749.70	16.66
976.20	836.75	732.15	16.27	1000.20	857.32	750.15	16.67
976.80	837.26	732.60	16.28	1000.80	857.83	750.60	16.68
977.40	837.78	733.05	16.29	1001.40	858.35	751.05	16.69
978.00	838.29	733.50	16.30	1002.00	858.86	751.50	16.70
978.60	838.80	733.95	16.31	1002.60	859.38	751.95	16.71
979.20	839.32	734.40	16.32	1003.20	859.89	752.40	16.72
979.80	839.83	734.85	16.33	1003.80	860.40	752.85	16.73
980.40	840.35	735.30	16.34	1004.40	860.92	753.30	16.74
981.00	840.86	735.75	16.35	1005.00	861.43	753.75	16.75
981.60	841.38	736.20	16.36	1005.60	861.95	754.20	16.76
982.20	841.89	736.65	16.37	1006.20	862.46	754.65	16.77
982.80	842.40	737.10	16.38	1006.80	862.98	755.10	16.78
983.40	842.92	737.55	16.39	1007.40	863.49	755.55	16.79
984.00	843.43	738.00	16.40	1008.00	864.00	756.00	16.80

NOMBRES sur lesquels est calculée LA DÉDUCTION A RAISON DE			DÉDUCTION	NOMBRES sur lesquels est calculée LA DÉDUCTION A RAISON DE			DÉDUCTION
6 %	7 %	8 %		6 %	7 %	8 %	
1008.60	864.52	756.45	16.81	1032.60	885.09	774.45	17.21
1009.20	865.03	756.90	16.82	1033.20	885.60	774.90	17.22
1009.80	865.55	757.35	16.83	1033.80	886.12	775.35	17.23
1010.40	866.06	757.80	16.84	1034.40	886.63	775.80	17.24
1011.00	866.58	758.25	16.85	1035.00	887.15	776.25	17.25
1011.60	867.09	758.70	16.86	1035.60	887.66	776.70	17.26
1012.20	867.60	759.15	16.87	1036.20	888.18	777.15	17.27
1012.80	868.12	759.60	16.88	1036.80	888.69	777.60	17.28
1013.40	868.63	760.05	16.89	1037.40	889.20	778.05	17.29
1014.00	869.15	760.50	16.90	1038.00	889.72	778.50	17.30
1014.60	869.66	760.95	16.91	1038.60	890.23	778.95	17.31
1015.20	870.18	761.40	16.92	1039.20	890.75	779.40	17.32
1015.80	870.69	761.85	16.93	1039.80	891.26	779.85	17.33
1016.40	871.20	762.30	16.94	1040.40	891.78	780.30	17.34
1017.00	871.72	762.75	16.95	1041.00	892.29	780.75	17.35
1017.60	872.23	763.20	16.96	1041.60	892.80	781.20	17.36
1018.20	872.75	763.65	16.97	1042.20	893.32	781.65	17.37
1018.80	873.26	764.40	16.98	1042.80	893.83	782.10	17.38
1019.40	873.78	764.55	16.99	1043.40	894.35	782.55	17.39
1020.00	874.29	765.00	17.00	1044.00	894.86	783.00	17.40
1020.60	874.80	765.45	17.01	1044.60	895.38	783.45	17.41
1021.20	875.32	765.90	17.02	1045.20	895.89	783.90	17.42
1021.80	875.83	766.35	17.03	1045.80	896.40	784.35	17.43
1022.40	876.35	766.80	17.04	1046.40	896.92	784.80	17.44
1023.00	876.86	767.25	17.05	1047.00	897.43	785.25	17.45
1023.60	877.38	767.70	17.06	1047.60	897.95	785.70	17.46
1024.20	877.89	768.15	17.07	1048.20	898.46	786.15	17.47
1024.80	878.40	768.60	17.08	1048.80	898.98	786.60	17.48
1025.40	878.92	769.05	17.09	1049.40	899.49	787.05	17.49
1026.00	879 43	769.50	17.10	1050.00	900.00	787.50	17.50
1026.60	879.95	769.95	17.11	1050.60	900.52	787.95	17.51
1027.20	880.46	770.40	17.12	1051.20	901.03	788.40	17.52
1027.80	880.98	770.85	17.13	1051.80	901.55	788.85	17.53
1028.40	881.49	771.30	17.14	1052.40	902.06	789.30	17.54
1029.00	882.00	771.75	17.15	1053.00	902.58	789.75	17.55
1029.60	882.52	772.20	17.16	1053.60	903.09	790.20	17.56
1030.20	883.03	772.65	17.17	1054.20	903.60	790.65	17.57
1030.80	883.55	773.10	17.18	1054.80	904.12	791.10	17.58
1031.40	884.06	773.55	17.19	1055.40	904.63	791.55	17.59
1032.00	884.58	774.00	17.20	1056.00	905.15	792.00	17.60

NOMBRES sur lesquels est calculée LA DÉDUCTION A RAISON DE			DÉDUCTION.	NOMBRES sur lesquels est calculée LA DÉDUCTION A RAISON DE			DÉDUCTION.
6 %	7 %	8 %		6 %	7 %	8 %	
1056.60	905.66	792.45	17.61	1080.60	926.23	810.45	18.01
1057.20	906.18	792.90	17.62	1081.20	926.75	810.90	18.02
1057.80	906.69	793.35	17.63	1081.80	927.26	811.35	18.03
1058.40	907.20	793.80	17.64	1082.40	927.78	811.80	18.04
1059.00	907.72	794.25	17.65	1083.00	928.29	812.25	18.05
1059.60	908.23	794.70	17.66	1083.60	928.80	812.70	18.06
1060.20	908.75	795.15	17.67	1084.20	929.32	813.15	18.07
1060.80	909.26	795.60	17.68	1084.80	929.83	813.60	18.08
1061.40	909.78	796.05	17.69	1085.40	930.35	814.05	18.09
1062.00	910.29	796.50	17.70	1086.00	930.86	814.50	18 10
1062.60	910.80	796.95	17.71	1086.60	931.38	814.95	18.11
1063.20	911.32	797.40	17.72	1087.20	931.89	815.40	18.12
1063.80	911.83	797.85	17.73	1087.80	932.40	815.85	18.13
1064.40	912.35	798.30	17.74	1088.40	932.92	816.30	18.14
1065.00	912.86	798.75	17.75	1089.00	933.43	816.75	18.15
1065.60	913.38	799.20	17.76	1089.60	933.95	817.20	18.16
1066.20	913.89	799.65	17.77	1090.20	934.46	817.65	18.17
1066.80	914.40	800.10	17.78	1090.80	934.98	818.10	18.18
1067.40	914.92	800.55	17.79	1091.40	935.49	818.55	18.19
1068.00	915.43	801.00	17.80	1092.00	936.00	819.00	18.20
1068.60	915.95	801.45	17.81	1092.60	936.52	819.45	18.21
1069.20	916.46	801.90	17.82	1093.20	937.03	819.90	18.22
1069.80	916.98	802.35	17.83	1093.80	937.55	820.35	18.23
1070.40	917.49	802.80	17.84	1094.40	938.06	820.80	18.24
1071.00	918.00	803.25	17.85	1095.00	938.58	821.25	18.25
1071.60	918.52	803.70	17.86	1095.60	939.09	821.70	18.26
1072.20	919.03	804.15	17.87	1096.20	939.60	822.15	18.27
1072.80	919.55	804.60	17.88	1096.80	940.12	822.60	18.28
1073.40	920.06	805.05	17.89	1097.40	940.63	823.05	18.29
1074.00	920.58	805.50	17.90	1098.00	941.15	823.50	18.30
1074.60	921.09	805.95	17.91	1098.60	941.66	823.95	18.31
1075.20	921.60	806.40	17.92	1099.20	942.18	824.40	18.32
1075.80	922.12	806.85	17.93	1099.80	942.69	824.85	18.33
1076.40	922.63	807.30	17.94	1100.40	943.20	825.30	18.34
1077.00	923.15	807.75	17.95	1101.00	943.72	825.75	18.35
1077.60	923.66	808.20	17.96	1101.60	944.23	826.20	18.36
1078.20	924.18	808.65	17.97	1102.20	944.75	826.65	18.37
1078.80	924.69	809.10	17.98	1102.80	945.26	827.10	18.38
1079.40	925.20	809.55	17.99	1103.40	945.78	827.55	18.39
1080.00	925.72	810.00	18.00	1104.00	946.29	828.00	18.40

NOMBRES sur lesquels est calculée LA DÉDUCTION A RAISON DE			DÉDUCTION.	NOMBRES sur lesquels est calculée LA DÉDUCTION A RAISON DE			DÉDUCTION.
6 %	7 %	8 %		6 %	7 %	8 %	
1104.60	946.80	828.45	18.41	1128.60	967.38	846.45	18.81
1105.20	947.32	828.90	18.42	1129.20	967.89	846.90	18.82
1105.80	947.83	829.35	18.43	1129.80	968.40	847.35	18.83
1106.40	948.35	829.80	18.44	1130.40	968.92	847.80	18.84
1107.00	948.86	830.25	18.45	1131.00	969.43	848.25	18.85
1107.60	949.38	830.70	18.46	1131.60	969.95	848.70	18.86
1108.20	949.89	831.15	18.47	1132.20	970.46	849.15	18.87
1108.80	950.40	831.60	18.48	1132.80	970.98	849.60	18.88
1109.40	950.92	832.05	18.49	1133.40	971.49	850.05	18.89
1110.00	951.43	832.50	18.50	1134.00	972.00	850.50	18.90
1110.60	951.95	832.95	18.51	1134.60	972.52	850.95	18.91
1111.20	952.46	833.40	18.52	1135.20	973.03	851.40	18.92
1111.80	952.98	833.85	18.53	1135.80	973.55	851.85	18.93
1112.40	953.49	834.30	18.54	1136.40	974.06	852.30	18.94
1113.00	954.00	834.75	18.55	1137.00	974.58	852.75	18.95
1113.60	954.52	835.20	18.56	1137.60	975.09	853.20	18.96
1114.20	955.03	835.65	18.57	1138.20	975.60	853.65	18.97
1114.80	955.55	836.10	18.58	1138.80	976.12	854.10	18.98
1115.40	956.06	836.55	18.59	1139.40	976.63	854.55	18.99
1116.00	956.58	837.00	18.60	1140.00	977.15	855.00	19.00
1116.60	957.09	837.45	18.61	1140.60	977.66	855.45	19.01
1117.20	957.60	837.90	18.62	1141.20	978.18	855.90	19.02
1117.80	958.12	838.35	18.63	1141.80	978.69	856.35	19.03
1118.40	958.63	838.80	18.64	1142.40	979.20	856.80	19.04
1119.00	959.15	839.25	18.65	1143.00	979.72	857.25	19.05
1119.60	959.66	839.70	18.66	1143.60	980.23	857.70	19.06
1120.20	960.18	840.15	18.67	1144.20	980.75	858.15	19.07
1120.80	960.69	840.60	18.68	1144.80	981.26	858.60	19.08
1121.40	961.20	841.05	18.69	1145.40	981.78	859.05	19.09
1122.00	961.72	841.50	18.70	1146.00	982.29	859.50	19.10
1122.60	962.23	841.95	18.71	1146.60	982.80	859.95	19.11
1123.20	962.75	842.40	18.72	1147.20	983.32	860.40	19.12
1123.80	963.26	842.85	18.73	1147.80	983.83	860.85	19.13
1124.40	963.78	843.30	18.74	1148.40	984.35	861.30	19.14
1125.00	964.29	843.75	18.75	1149.00	984.86	861.75	19.15
1125.60	964.80	844.20	18.76	1149.60	985.38	862.20	19.16
1126.20	965.32	844.65	18.77	1150.20	985.89	862.65	19.17
1126.80	965.83	845.10	18.78	1150.80	986.40	863.10	19.18
1127.40	966.35	845.55	18.79	1151.40	986.92	863.55	19.19
1128.00	966.86	846.00	18.80	1152.00	987.43	864.00	19.20

NOMBRES sur lesquels est calculée LA DÉDUCTION A RAISON DE			DÉDUCTION.	NOMBRES sur lesquels est calculée LA DÉDUCTION A RAISON DE			DÉDUCTION.
6 %	7 %	8 %		6 %	7 %	8 %	
1152.60	987.95	864.45	19.21	1476.60	1008.52	882.45	19.61
1153.20	988.46	864.90	19.22	1477.20	1009.03	882.90	19.62
1153.80	988.98	865.35	19.23	1477.80	1009.55	883.35	19.63
1154.40	989.49	865.80	19.24	1478.40	1010.06	883.80	19.64
1155.00	990.00	866.25	19.25	1479.00	1010.58	884.25	19.65
1155.60	990.52	866.70	19.26	1479.60	1011.09	884.70	19.66
1156.20	991.03	867.15	19.27	1480.20	1011.60	885.15	19.67
1156.80	991.55	867.60	19.28	1480.80	1012.12	885.60	19.68
1157.40	992.06	868.05	19.29	1181.40	1012.63	886.05	19.69
1158.00	992.58	868.50	19.30	1482.00	1013.15	886.50	19.70
1158.60	993.09	868.95	19.31	1482.60	1013.66	886.95	19.71
1159.20	993.60	869.40	19.32	1483.20	1014.18	887.40	19.72
1159.80	994.12	869.85	19.33	1483.80	1014.69	887.85	19.73
1160.40	994.63	870.30	19.34	1184.40	1015.20	888.30	19.74
1161.00	995.15	870.75	19.35	1485.00	1015.72	888.75	19.75
1161.60	995.66	871.20	19.36	1485.60	1016.23	889.20	19.76
1162.20	996.18	871.65	19.37	1486.20	1016.75	889.65	19.77
1162.80	996.69	872.10	19.38	1486.80	1017.26	890.10	19.78
1163.40	997.20	872.55	19.39	1187.40	1017.78	890.55	19.79
1164.00	997.72	873.00	19.40	1488.00	1018.29	891.00	19.80
1164.60	998.23	873.45	19.41	1188.60	1018.80	891.45	19.81
1165.20	998.75	873.90	19.42	1189.20	1019.32	891.90	19.82
1165.80	999.26	874.35	19.43	1189.80	1019.83	892.35	19.83
1166.40	999.78	874.80	19.44	1190.40	1020.35	892.80	19.84
1167.00	1000.29	875.25	19.45	1191.00	1020.86	893.25	19.85
1167.60	1000.80	875.70	19.46	1191.60	1021.38	893.70	19.86
1468.20	1001.32	876.15	19.47	1192.20	1021.89	894.15	19.87
1168.80	1001.83	876.60	19.48	1192.80	1022.40	894.60	19.88
1169.40	1002.35	877.05	19.49	1193.40	1022.92	895.05	19.89
1170.00	1002.86	877.50	19.50	1194.00	1023.43	895.50	19.90
1170.60	1003.38	877.95	19.51	1194.60	1023.95	895.95	19.91
1471.20	1003.89	878.40	19.52	1195.20	1024.46	896.40	19.92
1171.80	1004.40	878.85	19.53	1195.80	1024.98	896.85	19.93
1172.40	1004.92	879.30	19.54	1196.40	1025.49	897.30	19.94
1173.00	1005.43	879.75	19.55	1197.00	1026.00	897.75	19.95
1173.60	1005.95	880.20	19.56	1197.60	1026.52	898.20	19.96
1174.20	1006.46	880.65	19.57	1198.20	1027.03	898.65	19.97
1174.80	1006.98	881.10	19.58	1198.80	1027.55	899.10	19.98
1175.40	1007.49	881.55	19.59	1199.40	1028.06	899.55	19.99
1176.00	1008.00	882.00	19.60	1200.00	1028.58	900.00	20.00

NOMBRES sur lesquels est calculée LA DÉDUCTION A RAISON DE			DÉDUCTION.	NOMBRES sur lesquels est calculée LA DÉDUCTION A RAISON DE			DÉDUCTION.
6 %	7 %	8 %		6 %	7 %	8 %	
1200.60	1029.09	900.45	20.01	1224.60	1049.66	918.45	20.41
1201.20	1029.60	900.90	20.02	1225.20	1050.18	918.90	20.42
1201.80	1030.12	901.35	20.03	1225.80	1050.69	919.35	20.43
1202.40	1030.63	901.80	20.04	1226.40	1051.20	919.80	20.44
1203.00	1031.15	902.25	20.05	1227.00	1051.72	920.25	20.45
1203.60	1031.66	902.70	20.06	1227.60	1052.23	920.70	20.46
1204.20	1032.18	903.15	20.07	1228.20	1052.75	921.15	20.47
1204.80	1032.69	903.60	20.08	1228.80	1053.26	921.60	20.48
1205.40	1033.20	904.05	20.09	1229.40	1053.78	922.05	20.49
1206.00	1033.72	904.50	20.10	1230.00	1054.29	922.50	20.50
1206.60	1034.23	904.95	20.11	1230.60	1054.80	922.95	20.51
1207.20	1034.75	905.40	20.12	1231.20	1055.32	923.40	20.52
1207.80	1035.26	905.85	20.13	1231.80	1055.83	923.85	20.53
1208.40	1035.78	906.30	20.14	1232.40	1056.35	924.30	20.54
1209.00	1036.29	906.75	20.15	1233.00	1056.86	924.75	20.55
1209.60	1036.80	907.20	20.16	1233.60	1057.38	925.20	20.56
1210.20	1037.32	907.65	20.17	1234.20	1057.89	925.65	20.57
1210.80	1037.83	908.10	20.18	1234.80	1058.40	926.10	20.58
1211.40	1038.35	908.55	20.19	1235.40	1058.92	926.55	20.59
1212.00	1038.86	909.00	20.20	1236.00	1059.43	927.00	20.60
1212.60	1039.38	909.45	20.21	1236.60	1059.95	927.45	20.61
1213.20	1039.89	909.90	20.22	1237.20	1060.46	927.90	20.62
1213.80	1040.40	910.35	20.23	1237.80	1060.98	928.35	20.63
1214.40	1040.92	910.80	20.24	1238.40	1061.49	928.80	20.64
1215.00	1041.43	911.25	20.25	1239.00	1062.00	929.25	20.65
1215.60	1041.95	911.70	20.26	1239.60	1062.52	929.70	20.66
1216.20	1042.46	912.15	20.27	1240.20	1063.03	930.15	20.67
1216.80	1042.98	912.60	20.28	1240.80	1063.55	930.60	20.68
1217.40	1043.49	913.05	20.29	1241.40	1064.06	931.05	20.69
1218.00	1044.00	913.50	20.30	1242.00	1064.58	931.50	20.70
1218.60	1044.52	913.95	20.31	1242.60	1065.09	931.95	20.71
1219.20	1045.03	914.40	20.32	1243.20	1065.60	932.40	20.72
1219.80	1045.55	914.85	20.33	1243.80	1066.12	932.85	20.73
1220.40	1046.06	915.30	20.34	1244.40	1066.63	933.30	20.74
1221.00	1046.58	915.75	20.35	1245.00	1067.15	933.75	20.75
1221.60	1047.09	916.20	20.36	1245.60	1067.66	934.20	20.76
1222.20	1047.60	916.65	20.37	1246.20	1068.18	934.65	20.77
1222.80	1048.12	917.10	20.38	1246.80	1068.69	935.10	20.78
1223.40	1048.63	917.55	20.39	1247.40	1069.20	935.55	20.79
1224.00	1049.15	918.00	20.40	1248.00	1069.72	936.00	20.80

NOMBRES sur lesquels est calculée LA DÉDUCTION A RAISON DE			DÉDUCTION.	NOMBRES sur lesquels est calculée LA DÉDUCTION A RAISON DE			DÉDUCTION.
6 %	7 %	8 %		6 %	7 %	8 %	
1248,60	1070,23	936,45	20,81	1272,60	1090,80	954,45	21,21
1249,20	1070,75	936,90	20,82	1273,20	1091,32	954,90	21,22
1249,80	1071,26	937,35	20,83	1273,80	1091,83	955,35	21,23
1250,40	1071,78	937,80	20,84	1274,40	1092,35	955,80	21,24
1251,00	1072,29	938,25	20,85	1275,00	1092,86	956,25	21,25
1251,60	1072,80	938,70	20,86	1275,60	1093,38	956,70	21,26
1252,20	1073,32	939,15	20,87	1276,20	1093,89	957,15	21,27
1252,80	1073,83	939,60	20,88	1276,80	1094,40	957,60	21,28
1253,40	1074,35	940,05	20,89	1277,40	1094,92	958,05	21,29
1254,00	1074,86	940,50	20,90	1278,00	1095,43	958,50	21,30
1254,60	1075,38	940,95	20,91	1278,60	1095,95	958,95	21,31
1255,20	1075,89	941,40	20,92	1279,20	1096,46	959,40	21,32
1255,80	1076,40	941,85	20,93	1279,80	1096,98	959,85	21,33
1256,40	1076,92	942,30	20,94	1280,40	1097,49	960,30	21,34
1257,00	1077,43	942,75	20,95	1281,00	1098,00	960,75	21,35
1257,60	1077,95	943,20	20,96	1281,60	1098,52	961,20	21,36
1258,20	1078,46	943,65	20,97	1282,20	1099,03	961,65	21,37
1258,80	1078,98	944,10	20,98	1282,80	1099,55	962,10	21,38
1259,40	1079,49	944,55	20,99	1283,40	1100,06	962,55	21,39
1260,00	1080,00	945,00	21,00	1284,00	1100,58	963,00	21,40
1260,60	1080,52	945,45	21,01	1284,60	1101,09	963,45	21,41
1261,20	1081,03	945,90	21,02	1285,20	1101,60	963,90	21,42
1261,80	1081,55	946,35	21,03	1285,80	1102,12	964,35	21,43
1262,40	1082,06	946,80	21,04	1286,40	1102,63	964,80	21,44
1263,00	1082,58	947,25	21,05	1287,00	1103,15	965,25	21,45
1263,60	1083,09	947,70	21,06	1287,60	1103,66	965,70	21,46
1264,20	1083,60	948,15	21,07	1288,20	1104,18	966,15	21,47
1264,80	1084,12	948,60	21,08	1288,80	1104,69	966,60	21,48
1265,40	1084,63	949,05	21,09	1289,40	1105,20	967,05	21,49
1266,00	1085,15	949,50	21,10	1290,00	1105,72	967,50	21,50
1266,60	1085,66	949,95	21,11	1290,60	1106,23	967,95	21,51
1267,20	1086,18	950,40	21,12	1291,20	1106,75	968,40	21,52
1267,80	1086,69	950,85	21,13	1291,80	1107,26	968,85	21,53
1268,40	1087,20	951,30	21,14	1292,40	1107,78	969,30	21,54
1269,00	1087,72	951,75	21,15	1293,00	1108,29	969,75	21,55
1269,60	1088,23	952,20	21,16	1293,60	1108,80	970,20	21,56
1270,20	1088,75	952,65	21,17	1294,20	1109,32	970,65	21,57
1270,80	1089,26	953,10	21,18	1294,80	1109,83	971,10	21,58
1271,40	1089,78	953,55	21,19	1295,40	1110,35	971,55	21,59
1272,00	1090,29	954,00	21,20	1296,00	1110,86	972,00	21,60

NOMBRES sur lesquels est calculée LA DÉDUCTION A RAISON DE			DÉDUCTION.	NOMBRES sur lesquels est calculée LA DÉDUCTION A RAISON DE			DÉDUCTION.
6 %	7 %	8 %		6 %	7 %	8 %	
1296.60	1111.38	972.45	21.61	1320.60	1131.95	990.45	22.01
1297.20	1111.89	972.90	21.62	1321.20	1132.46	990.90	22.02
1297.80	1112.40	973.35	21.63	1321.80	1132.98	991.35	22.03
1298.40	1112.92	973.80	21.64	1322.40	1133.49	991.80	22.04
1299.00	1113.43	974.25	21.65	1323.00	1134.00	992.25	22.05
1299.60	1113.95	974.70	21.66	1323.60	1134.52	992.70	22.06
1300.20	1114.46	975.15	21.67	1324.20	1135.03	993.15	22.07
1300.80	1114.98	975.60	21.68	1324.80	1135.55	993.60	22.08
1301.40	1115.49	976.05	21.69	1325.40	1136.06	994.05	22.09
1302.00	1116.00	976.50	21.70	1326.00	1136.58	994.50	22.10
1302.60	1116.52	976.95	21.71	1326.60	1137.09	994.95	22.11
1303.20	1117.03	977.40	21.72	1327.20	1137.60	995.40	22.12
1303.80	1117.55	977.85	21.73	1327.80	1138.12	995.85	22.13
1304.40	1118.06	978.30	21.74	1328.40	1138.63	996.30	22.14
1305.00	1118.58	978.75	21.75	1329.00	1139.15	996.75	22.15
1305.60	1119.09	979.20	21.76	1329.60	1139.66	997.20	22.16
1306.20	1119.60	979.65	21.77	1330.20	1140.18	997.65	22.17
1306.80	1120.12	980.10	21.78	1330.80	1140.69	998.10	22.18
1307.40	1120.63	980.55	21.79	1331.40	1141.20	998.55	22.19
1308.00	1121.15	981.00	21.80	1332.00	1141.72	999.00	22.20
1308.60	1121.60	981.45	21.81	1332.60	1142.23	999.45	22.21
1309.20	1122.18	981.90	21.82	1333.20	1142.75	999.90	22.22
1309.80	1122.69	982.35	21.83	1333.80	1143.26	1000.35	22.23
1310.40	1123.20	982.80	21.84	1334.40	1143.78	1000.80	22.24
1311.00	1123.72	983.25	21.85	1335.00	1144.29	1001.25	22.25
1311.60	1124.23	983.70	21.86	1335.60	1144.80	1001.70	22.26
1312.20	1124.75	984.15	21.87	1336.20	1145.32	1002.15	22.27
1312.80	1125.26	984.60	21.88	1336.80	1145.83	1002.60	22.28
1313.40	1125.78	985.05	21.89	1337.40	1146.35	1003.05	22.29
1314.00	1126.29	985.50	21.90	1338.00	1146.86	1003.50	22.30
1314.60	1126.80	985.95	21.91	1338.60	1147.38	1003.95	22.31
1315.20	1127.32	986.40	21.92	1339.20	1147.89	1004.40	22.32
1315.80	1127.83	986.85	21.93	1339.80	1148.40	1004.85	22.33
1316.40	1128.35	987.30	21.94	1340.40	1148.92	1005.30	22.34
1317.00	1128.86	987.75	21.95	1341.00	1149.43	1005.75	22.35
1317.60	1129.38	988.20	21.96	1341.60	1149.95	1006.20	22.36
1318.20	1129.89	988.65	21.97	1342.20	1150.46	1006.65	22.37
1318.80	1130.40	989.10	21.98	1342.80	1150.98	1007.10	22.38
1319.40	1130.92	989.55	21.99	1343.40	1151.49	1007.55	22.39
1320.00	1131.43	990.00	22.00	1344.00	1152.00	1008.00	22.40

NOMBRES sur lesquels est calculée LA DÉDUCTION A RAISON DE			DÉDUCTION.	NOMBRES sur lesquels est calculée LA DÉDUCTION A RAISON DE			DÉDUCTION.
6 %	7 %	8 %		6 %	7 %	8 %	
1344.60	1152.52	1008.45	22.41	1368.60	1473.09	1026.45	22.81
1345.20	1153.03	1008.90	22.42	1369.20	1173.60	1026.90	22.82
1345.80	1153.55	1009.35	22.43	1369.80	1174.12	1027.35	22.83
1346.40	1154.06	1009.80	22.44	1370.40	1174.63	1027.80	22.84
1347.00	1154.58	1010.25	22.45	1371.00	1175.15	1028.25	22.85
1347.60	1155.09	1010.70	22.46	1371.60	1175.66	1028.70	22.86
1348.20	1155.60	1011.15	22.47	1372.20	1176.18	1029.15	22.87
1348.80	1156.12	1011.60	22.48	1372.80	1176.69	1029.60	22.88
1349.40	1156.63	1012.05	22.49	1373.40	1177.20	1030.05	22.89
1350.00	1157.15	1012.50	22.50	1374.00	1177.72	1030.50	22.90
1350.60	1157.66	1012.95	22.51	1374.60	1178.23	1030.95	22.91
1351.20	1158.18	1013.40	22.52	1375.20	1178.75	1031.40	22.92
1351.80	1158.69	1013.85	22.53	1375.80	1179.26	1031.85	22.93
1352.40	1159.20	1014.30	22.54	1376.40	1179.78	1032.30	22.94
1353.00	1159.72	1014.75	22.55	1377.00	1180.29	1032.75	22.95
1353.60	1160.23	1015.20	22.56	1377.60	1180.80	1033.20	22.96
1354.20	1160.75	1015.65	22.57	1378.20	1181.32	1033.65	22.97
1354.80	1161.26	1016.10	22.58	1378.80	1181.83	1034.10	22.98
1355.40	1161.78	1016.55	22.59	1379.40	1182.35	1034.55	22.99
1356.00	1162.29	1017.00	22.60	1380.00	1182.86	1035.00	23.00
1356.60	1162.80	1017.45	22.61	1380.60	1183.38	1035.45	23.01
1357.20	1163.32	1017.90	22.62	1381.20	1183.89	1035.90	23.02
1357.80	1163.83	1018.35	22.63	1381.80	1184.40	1036.35	23.03
1358.40	1164.35	1018.80	22.64	1382.40	1184.92	1036.80	23.04
1359.00	1164.86	1019.25	22.65	1383.00	1185.43	1037.25	23.05
1359.60	1165.38	1019.70	22.66	1383.60	1185.95	1037.70	23.06
1360.20	1165.89	1020.15	22.67	1384.20	1186.46	1038.15	23.07
1360.80	1166.40	1020.60	22.68	1384.80	1186.98	1038.60	23.08
1361.40	1166.92	1021.05	22.69	1385.40	1187.49	1039.05	23.09
1362.00	1167.43	1021.50	22.70	1386.00	1188.00	1039.50	23.10
1362.60	1167.95	1021.95	22.71	1386.60	1188.52	1039.95	23.11
1363.20	1168.46	1022.40	22.72	1387.20	1189.03	1040.40	23.12
1363.80	1168.98	1022.85	22.73	1387.80	1189.55	1040.85	23.13
1364.40	1169.49	1023.30	22.74	1388.40	1190.06	1041.30	23.14
1365.00	1170.00	1023.75	22.75	1389.00	1190.58	1041.75	23.15
1365.60	1170.52	1024.20	22.76	1389.60	1191.09	1042.20	23.16
1366.20	1171.03	1024.65	22.77	1390.20	1191.60	1042.65	23.17
1366.80	1171.55	1025.10	22.78	1390.80	1192.12	1043.10	23.18
1367.40	1172.06	1025.55	22.79	1391.40	1192.63	1043.55	23.19
1368.00	1172.58	1026.00	22.80	1392.00	1193.15	1044.00	23.20

— 42 —

NOMBRES sur lesquels est calculée LA DÉDUCTION A RAISON DE			DÉDUCTION.	NOMBRES sur lesquels est calculée LA DÉDUCTION A RAISON DE			DÉDUCTION.
6 %	7 %	8 %		6 %	7 %	8 %	
1392.60	1193.66	1044.45	23.21	1416.60	1214.23	1062.45	23.61
1393.20	1194.18	1044.90	23.22	1417.20	1214.75	1062.90	23.62
1393.80	1194.69	1045.35	23.23	1417.80	1215.26	1063.35	23.63
1394.40	1195.20	1045.80	23.24	1418.40	1215.78	1063.80	23.64
1395.00	1195.72	1046.25	23.25	1419.00	1216.29	1064.25	23.65
1395.60	1196.23	1046.70	23.26	1419.60	1216.80	1064.70	23.66
1396.20	1196.75	1047.15	23.27	1420.20	1217.32	1065.15	23.67
1396.80	1197.26	1047.60	23.28	1420.80	1217.83	1065.60	23.68
1397.40	1197.78	1048.05	23.29	1421.40	1218.35	1066.05	23.69
1398.00	1198.29	1048.50	23.30	1422.00	1218.86	1066.50	23.70
1398.60	1198.80	1048.95	23.31	1422.60	1219.38	1066.95	23.71
1399.20	1199.32	1049.40	23.32	1423.20	1219.89	1067.40	23.72
1399.80	1199.83	1049.85	23.33	1423.80	1220.40	1067.85	23.73
1400.40	1200.35	1050.30	23.34	1424.40	1220.92	1068.30	23.74
1401.00	1200.86	1050.75	23.35	1425.00	1221.43	1068.75	23.75
1401.60	1201.38	1051.20	23.36	1425.60	1221.95	1069.20	23.76
1402.20	1201.89	1051.65	23.37	1426.20	1222.46	1069.65	23.77
1402.80	1202.40	1052.10	23.38	1426.80	1222.98	1070.10	23.78
1403.40	1202.92	1052.55	23.39	1427.40	1223.49	1070.55	23.79
1404.00	1203.43	1053.00	23.40	1428.00	1224.00	1071.00	23.80
1404.60	1203.95	1053.45	23.41	1428.60	1224.52	1071.45	23.81
1405.20	1204.46	1053.90	23.42	1429.20	1225.03	1071.90	23.82
1405.80	1204.98	1054.35	23.43	1429.80	1225.55	1072.35	23.83
1406.40	1205.49	1054.80	23.44	1430.40	1226.06	1072.80	23.84
1407.00	1206.00	1055.25	23.45	1431.00	1226.58	1073.25	23.85
1407.60	1206.52	1055.70	23.46	1431.60	1227.09	1073.70	23.86
1408.20	1207.03	1056.15	23.47	1432.20	1227.60	1074.15	23.87
1408.80	1207.55	1056.60	23.48	1432.80	1228.12	1074.60	23.88
1409.40	1208.06	1057.05	23.49	1433.40	1228.63	1075.05	23.89
1410.00	1208.58	1057.50	23.50	1434.00	1229.15	1075.50	23.90
1410.60	1209.09	1057.95	23.51	1434.60	1229.66	1075.95	23.91
1411.20	1209.60	1058.40	23.52	1435.20	1230.18	1076.40	23.92
1411.80	1210.12	1058.85	23.53	1435.80	1230.69	1076.85	23.93
1412.40	1210.63	1059.30	23.54	1436.40	1231.20	1077.30	23.94
1413.00	1211.15	1059.75	23.55	1437.00	1231.72	1077.75	23.95
1413.60	1211.66	1060.20	23.56	1437.60	1232.23	1078.20	23.96
1414.20	1212.18	1060.65	23.57	1438.20	1232.75	1078.65	23.97
1414.80	1212.69	1061.10	23.58	1438.80	1233.26	1079.10	23.98
1415.40	1213.20	1061.55	23.59	1439.40	1233.78	1079.55	23.99
1416.00	1213.72	1062.00	23.60	1440.00	1234.29	1080.00	24.00

NOMBRES sur lesquels est calculée LA DÉDUCTION A RAISON DE			DÉDUCTION.	NOMBRES sur lesquels est calculée LA DÉDUCTION A RAISON DE			DÉDUCTION.
6 %	7 %	8 %		6 %	7 %	8 %	
1440.60	1234.80	1080.45	24.01	1464.60	1255.38	1098.45	24.41
1441.20	1235.32	1080.90	24.02	1465.20	1255.89	1098.90	24.42
1441.80	1235.83	1081.35	24.03	1465.80	1256.40	1099.35	24.43
1442.40	1236.35	1081.80	24.04	1466.40	1256.92	1099.80	24.44
1443.00	1236.86	1082.25	24.05	1467.00	1257.43	1100.25	24.45
1443.60	1237.38	1082.70	24.06	1467.60	1257.95	1100.70	24.46
1444.20	1237.89	1083.15	24.07	1468.20	1258.46	1101.15	24.47
1444.80	1238.40	1083.60	24.08	1468.80	1258.98	1101.60	24.48
1445.40	1238.92	1084.05	24.09	1469.40	1259.49	1102.05	24.49
1446.00	1239.43	1084.50	24.10	1470.00	1260.00	1102.50	24.50
1446.60	1239.95	1084.95	24.11	1470.60	1260.52	1102.95	24.51
1447.20	1240.46	1085.40	24.12	1471.20	1261.03	1103.40	24.52
1447.80	1240.98	1085.85	24.13	1471.80	1261.55	1103.85	24.53
1448.40	1241.49	1086.30	24.14	1472.40	1262.06	1104.30	24.54
1449.00	1242.00	1086.75	24.15	1473.00	1262.58	1104.75	24.55
1449.60	1242.52	1087.20	24.16	1473.60	1263.09	1105.20	24.56
1450.20	1243.03	1087.65	24.17	1474.20	1263.60	1105.65	24.57
1450.80	1243.55	1088.10	24.18	1474.80	1264.12	1106.10	24.58
1451.40	1244.06	1088.55	24.19	1475.40	1264.63	1106.55	24.59
1452.00	1244.58	1089.00	24.20	1476.00	1265.15	1107.00	24.60
1452.60	1245.09	1089.45	24.21	1476.60	1265.66	1107.45	24.61
1453.20	1245.60	1089.90	24.22	1477.20	1266.18	1107.90	24.62
1453.80	1246.12	1090.35	24.23	1477.80	1266.69	1108.35	24.63
1454.40	1246.63	1090.80	24.24	1478.40	1267.20	1108.80	24.64
1455.00	1247.15	1091.25	24.25	1479.00	1267.72	1109.25	24.65
1455.60	1247.66	1091.70	24.26	1479.60	1268.23	1109.70	24.66
1456.20	1248.18	1092.15	24.27	1480.20	1268.75	1110.15	24.67
1456.80	1248.69	1092.60	24.28	1480.80	1269.26	1110.60	24.68
1457.40	1249.20	1093.05	24.29	1481.40	1269.78	1111.05	24.69
1458.00	1249.72	1093.50	24.30	1482.00	1270.29	1111.50	24.70
1458.60	1250.23	1093.95	24.31	1482.60	1270.80	1111.95	24.71
1459.20	1250.75	1094.40	24.32	1483.20	1271.32	1112.40	24.72
1459.80	1251.26	1094.85	24.33	1483.80	1271.83	1112.85	24.73
1460.40	1251.78	1095.30	24.34	1484.40	1272.35	1113.30	24.74
1461.00	1252.29	1095.75	24.35	1485.00	1272.86	1113.75	24.75
1461.60	1252.80	1096.20	24.36	1485.60	1273.38	1114.20	24.76
1462.20	1253.32	1096.65	24.37	1486.20	1273.89	1114.65	24.77
1462.80	1253.83	1097.10	24.38	1486.80	1274.40	1115.10	24.78
1463.40	1254.35	1097.55	24.39	1487.40	1274.92	1115.55	24.79
1464.00	1254.86	1098.00	24.40	1488.00	1275.43	1116.00	24.80

NOMBRES sur lesquels est calculée LA DÉDUCTION A RAISON DE			DÉDUCTION.	NOMBRES sur lesquels est calculée LA DÉDUCTION A RAISON DE			DÉDUCTION.
6 %	7 %	8 %		6 %	7 %	8 %	
1488.60	1275.95	1116.45	24.81	1512.60	1296.52	1134.45	25.21
1489.20	1276.46	1116.90	24.82	1513.20	1297.03	1134.90	25.22
1489.80	1276.98	1117.35	24.83	1513.80	1297.55	1135.35	25.23
1490.40	1277.49	1117.80	24.84	1514.40	1298.06	1135.80	25.24
1491.00	1278.00	1118.25	24.85	1515.00	1298.58	1136.25	25.25
1491.60	1278.52	1118.70	24.86	1515.60	1299.09	1136.70	25.26
1492.20	1279.03	1119.15	24.87	1516.20	1299.60	1137.15	25.27
1492.80	1279.55	1119.60	24.88	1516.80	1300.12	1137.60	25.28
1493.40	1280.06	1120.05	24.89	1517.40	1300.63	1138.05	25.29
1494.00	1280.58	1120.50	24.90	1518.00	1301.15	1138.50	25.30
1494.60	1281.09	1120.95	24.91	1518.60	1301.66	1138.95	25.31
1495.20	1281.60	1121.40	24.92	1519.20	1302.18	1139.40	25.32
1495.80	1282.12	1121.85	24.93	1519.80	1302.69	1139.85	25.33
1496.40	1282.63	1122.30	24.94	1520.40	1303.20	1140.30	25.34
1497.00	1283.15	1122.75	24.95	1521.00	1303.72	1140.75	25.35
1497.60	1283.66	1123.20	24.96	1521.60	1304.23	1141.20	25.36
1498.20	1284.18	1123.65	24.97	1522.20	1304.75	1141.65	25.37
1498.80	1284.69	1124.10	24.98	1522.80	1305.26	1142.10	25.38
1499.40	1285.20	1124.55	24.99	1523.40	1305.78	1142.55	25.39
1500.00	1285.72	1125.00	25.00	1524.00	1306.29	1143.00	25.40
1500.60	1286.23	1125.45	25.01	1524.60	1306.80	1143.45	25.41
1501.20	1286.75	1125.90	25.02	1525.20	1307.32	1143.90	25.42
1501.80	1287.26	1126.35	25.03	1525.80	1307.83	1144.35	25.43
1502.40	1287.78	1126.80	25.04	1526.40	1308.35	1144.80	25.44
1503.00	1288.29	1127.25	25.05	1527.00	1308.86	1145.25	25.45
1503.60	1288.80	1127.70	25.06	1527.60	1309.38	1145.70	25.46
1504.20	1289.32	1128.15	25.07	1528.20	1309.89	1146.15	25.47
1504.80	1289.83	1128.60	25.08	1528.80	1310.40	1146.60	25.48
1505.40	1290.35	1129.05	25.09	1529.40	1310.92	1147.05	25.49
1506.00	1290.86	1129.50	25.10	1530.00	1311.43	1147.50	25.50
1506.60	1291.38	1129.95	25.11	1530.60	1311.95	1147.95	25.51
1507.20	1291.89	1130.40	25.12	1531.20	1312.46	1148.40	25.52
1507.80	1292.40	1130.85	25.13	1531.80	1312.98	1148.85	25.53
1508.40	1292.92	1131.30	25.14	1532.40	1313.49	1149.30	25.54
1509.00	1293.43	1131.75	25.15	1533.00	1314.00	1149.75	25.55
1509.60	1293.95	1132.20	25.16	1533.60	1314.52	1150.20	25.56
1510.20	1294.46	1132.65	25.17	1534.20	1315.03	1150.65	25.57
1510.80	1294.98	1133.10	25.18	1534.80	1315.55	1151.10	25.58
1511.40	1295.49	1133.55	25.19	1535.40	1316.06	1151.55	25.59
1512.00	1296.00	1134.00	25.20	1536.00	1316.58	1152.00	25.60

NOMBRES sur lesquels est calculée LA DÉDUCTION A RAISON DE			DÉDUCTION	NOMBRES sur lesquels est calculée LA DÉDUCTION A RAISON DE			DÉDUCTION
6 %	7 %	8 %		6 %	7 %	8 %	
1536.60	1317.09	1152.45	25.61	1560.60	1337.66	1170.45	26.01
1537.20	1317.60	1152.90	25.62	1561.20	1338.18	1170.90	26.02
1537.80	1318.12	1153.35	25.63	1561.80	1338.69	1171.35	26.03
1538.40	1318.63	1153.80	25.64	1562.40	1339.20	1171.80	26.04
1539.00	1319.15	1154.25	25.65	1563.00	1339.72	1172.25	26.05
1539.60	1319.66	1154.70	25.66	1563.60	1340.23	1172.70	26.06
1540.20	1320.18	1155.15	25.67	1564.20	1340.75	1173.15	26.07
1540.80	1320.69	1155.60	25.68	1564.80	1341.26	1173.60	26.08
1541.40	1321.20	1156.05	25.69	1565.40	1341.78	1174.05	26.09
1542.00	1321.72	1156.50	25.70	1566.00	1342.29	1174.50	26.10
1542.60	1322.23	1156.95	25.71	1566.60	1342.80	1174.95	26.11
1543.20	1322.75	1157.40	25.72	1567.20	1343.32	1175.40	26.12
1543.80	1323.26	1157.85	25.73	1567.80	1343.83	1175.85	26.13
1544.40	1323.78	1158.30	25.74	1568.40	1344.35	1176.30	26.14
1545.00	1324.29	1158.75	25.75	1569.00	1344.86	1176.75	26.15
1545.60	1324.80	1159.20	25.76	1569.60	1345.38	1177.20	26.16
1546.20	1325.32	1159.65	25.77	1570.20	1345.89	1177.65	26.17
1546.80	1325.83	1160.10	25.78	1570.80	1346.40	1178.10	26.18
1547.40	1326.35	1160.55	25.79	1571.40	1346.92	1178.55	26.19
1548.00	1326.86	1161.00	25.80	1572.00	1347.43	1179.00	26.20
1548.60	1327.38	1161.45	25.81	1572.60	1347.95	1179.45	26.21
1549.20	1327.89	1161.90	25.82	1573.20	1348.46	1179.90	26.22
1549.80	1328.40	1162.35	25.83	1573.80	1348.98	1180.35	26.23
1550.40	1328.92	1162.80	25.84	1574.40	1349.49	1180.80	26.24
1551.00	1329.43	1163.25	25.85	1575.00	1350.00	1181.25	26.25
1551.60	1329.95	1163.70	25.86	1575.60	1350.52	1181.70	26.26
1552.20	1330.46	1164.15	25.87	1576.20	1351.03	1182.15	26.27
1552.80	1330.98	1164.60	25.88	1576.80	1351.55	1182.60	26.28
1553.40	1331.49	1165.05	25.89	1577.40	1352.06	1183.05	26.29
1554.00	1332.00	1165.50	25.90	1578.00	1352.58	1183.50	26.30
1554.60	1332.52	1165.95	25.91	1578.60	1353.09	1183.95	26.31
1555.20	1333.03	1166.40	25.92	1579.20	1353.60	1184.40	26.32
1555.80	1333.55	1166.85	25.93	1579.80	1354.12	1184.85	26.33
1556.40	1334.06	1167.30	25.94	1580.40	1354.63	1185.30	26.34
1557.00	1334.58	1167.75	25.95	1581.00	1355.15	1185.75	26.35
1557.60	1335.09	1168.20	25.96	1581.60	1355.66	1186.20	26.36
1558.20	1335.60	1168.65	25.97	1582.20	1356.18	1186.65	26.37
1558.80	1336.12	1169.10	25.98	1582.80	1356.69	1187.10	26.38
1559.40	1336.63	1169.55	25.99	1583.40	1357.20	1187.55	26.39
1560.00	1337.15	1170.00	26.00	1584.00	1357.72	1188.00	26.40

NOMBRES sur lesquels est calculée LA DÉDUCTION A RAISON DE			DÉDUCTION	NOMBRES sur lesquels est calculée LA DÉDUCTION A RAISON DE			DÉDUCTION
6 %	7 %	8 %		6 %	7 %	8 %	
1584.60	1358.23	1188.45	26.41	1608.60	1378.80	1206.45	26.81
1585.20	1358.75	1188.90	26.42	1609.20	1379.32	1206.90	26.82
1585.80	1359.26	1189.35	26.43	1609.80	1379.83	1207.35	26.83
1586.40	1359.78	1189.80	26.44	1610.40	1380.35	1207.80	26.84
1587.00	1360.29	1190.25	26.45	1611.00	1380.86	1208.25	26.85
1587.60	1360.80	1190.70	26.46	1611.60	1381.38	1208.70	26.86
1588.20	1361.32	1191.15	26.47	1612.20	1381.89	1209.15	26.87
1588.80	1361.83	1191.60	26.48	1612.80	1382.40	1209.60	26.88
1589.40	1362.35	1192.05	26.49	1613.40	1382.92	1210.05	26.89
1590.00	1362.86	1192.50	26.50	1614.00	1383.43	1210.50	26.90
1590.60	1363.38	1192.95	26.51	1614.60	1383.95	1210.95	26.91
1591.20	1363.89	1193.40	26.52	1615.20	1384.46	1211.40	26.92
1591.80	1364.40	1193.85	26.53	1615.80	1384.98	1211.85	26.93
1592.40	1364.92	1194.30	26.54	1616.40	1385.49	1212.30	26.94
1593.00	1365.43	1194.75	26.55	1617.00	1386.00	1212.75	26.95
1593.60	1365.95	1195.20	26.56	1617.60	1386.52	1213.20	26.96
1594.20	1366.46	1195.65	26.57	1618.20	1387.03	1213.65	26.97
1594.80	1366.98	1196.10	26.58	1618.80	1387.55	1214.10	26.98
1595.40	1367.49	1196.55	26.59	1619.40	1388.06	1214.55	26.99
1596.00	1368.00	1197.00	26.60	1620.00	1388.58	1215.00	27.00
1596.60	1368.52	1197.45	26.61	1620.60	1389.09	1215.45	27.01
1597.20	1369.03	1197.90	26.62	1621.20	1389.60	1215.90	27.02
1597.80	1369.55	1198.35	26.63	1621.80	1390.12	1216.35	27.03
1598.40	1370.06	1198.80	26.64	1622.40	1390.63	1216.80	27.04
1599.00	1370.58	1199.25	26.65	1623.00	1391.15	1217.25	27.05
1599.60	1371.09	1199.70	26.66	1623.60	1391.66	1217.70	27.06
1600.20	1371.60	1200.15	26.67	1624.20	1392.18	1218.15	27.07
1600.80	1372.12	1200.60	26.68	1624.80	1392.69	1218.60	27.08
1601.40	1372.63	1201.05	26.69	1625.40	1393.20	1219.05	27.09
1602.00	1373.15	1201.50	26.70	1626.00	1393.72	1219.50	27.10
1602.60	1373.66	1201.95	26.71	1626.60	1394.23	1219.95	27.11
1603.20	1374.18	1202.40	26.72	1627.20	1394.75	1220.40	27.12
1603.80	1374.69	1202.85	26.73	1627.80	1395.26	1220.85	27.13
1604.40	1375.20	1203.30	26.74	1628.40	1395.78	1221.30	27.14
1605.00	1375.72	1203.75	26.75	1629.00	1396.29	1221.75	27.15
1605.60	1376.23	1204.20	26.76	1629.60	1396.80	1222.20	27.16
1606.20	1376.75	1204.65	26.77	1630.20	1397.32	1222.65	27.17
1606.80	1377.26	1205.10	26.78	1630.80	1397.83	1223.10	27.18
1607.40	1377.78	1205.55	26.79	1631.40	1398.35	1223.55	27.19
1608.00	1378.29	1206.00	26.80	1632.00	1398.86	1224.00	27.20

NOMBRES sur lesquels est calculée LA DÉDUCTION A RAISON DE			DÉDUCTION.	NOMBRES sur lesquels est calculée LA DÉDUCTION A RAISON DE			DÉDUCTION.
6 %	7 %	8 %		6 %	7 %	8 %	
1632.60	1399.38	1224.45	27.21	1656.60	1419.95	1242.45	27.61
1633.20	1399.89	1224.90	27.22	1657.20	1420.46	1242.90	27.62
1633.80	1400.40	1225.35	27.23	1657.80	1420.98	1243.35	27.63
1634.40	1400.92	1225.80	27.24	1658.40	1421.49	1243.80	27.64
1635.00	1401.43	1226.25	27.25	1659.00	1422.00	1244.25	27.65
1635.60	1401.95	1226.70	27.26	1659.60	1422.52	1244.70	27.66
1636.20	1402.46	1227.15	27.27	1660.20	1423.03	1245.15	27.67
1636.80	1402.98	1227.60	27.28	1660.80	1423.55	1245.60	27.68
1637.40	1403.49	1228.05	27.29	1661.40	1424.06	1246.05	27.69
1638.00	1404.00	1228.50	27.30	1662.00	1424.58	1246.50	27.70
1638.60	1404.52	1228.95	27.31	1662.60	1425.09	1246.95	27.71
1639.20	1405.03	1229.40	27.32	1663.20	1425.60	1247.40	27.72
1639.80	1405.55	1229.85	27.33	1663.80	1426.12	1247.85	27.73
1640.40	1406.06	1230.30	27.34	1664.40	1426.63	1248.30	27.74
1641.00	1406.58	1230.75	27.35	1665.00	1427.15	1248.75	27.75
1641.60	1407.09	1231.20	27.36	1665.60	1427.66	1249.20	27.76
1642.20	1407.60	1231.65	27.37	1666.20	1428.18	1249.65	27.77
1642.80	1408.12	1232.10	27.38	1666.80	1428.69	1250.10	27.78
1643.40	1408.63	1232.55	27.39	1667.40	1429.20	1250.55	27.79
1644.00	1409.15	1233.00	27.40	1668.00	1429.72	1251.00	27.80
1644.60	1409.66	1233.45	27.41	1668.60	1430.23	1251.45	27.81
1645.20	1410.18	1233.90	27.42	1669.20	1430.75	1251.90	27.82
1645.80	1410.69	1234.35	27.43	1669.80	1431.26	1252.35	27.83
1646.40	1411.20	1234.80	27.44	1670.40	1431.78	1252.80	27.84
1647.00	1411.72	1235.25	27.45	1671.00	1432.29	1253.25	27.85
1647.60	1412.23	1235.70	27.46	1671.60	1432.80	1253.70	27.86
1648.20	1412.75	1236.15	27.47	1672.20	1433.32	1254.15	27.87
1648.80	1413.26	1236.60	27.48	1672.80	1433.83	1254.60	27.88
1649.40	1413.78	1237.05	27.49	1673.40	1434.35	1255.05	27.89
1650.00	1414.29	1237.50	27.50	1674.00	1434.86	1255.50	27.90
1650.60	1414.80	1237.95	27.51	1674.60	1435.38	1255.95	27.91
1651.20	1415.32	1238.40	27.52	1675.20	1435.89	1256.40	27.92
1651.80	1415.83	1238.85	27.53	1675.80	1436.40	1256.85	27 93
1652.40	1416.35	1239.30	27.54	1676.40	1436.92	1257.30	27.94
1653.00	1416.86	1239.75	27.55	1677.00	1437.43	1257.75	27.95
1653.60	1417.38	1240.20	27.56	1677.60	1437.95	1258.20	27.96
1654.20	1417.89	1240.65	27.57	1678.20	1438.46	1258.65	27.97
1654.80	1418.40	1241.10	27.59	1678.80	1438.98	1259.10	27.98
1655.40	1418.92	1241.55	27.59	1679.40	1439.49	1259.55	27.99
1656.00	1419.43	1242.00	27.60	1680.00	1440.00	1260.00	28.00

NOMBRES sur lesquels est calculée LA DÉDUCTION A RAISON DE			DÉDUCTION.	NOMBRES sur lesquels est calculée LA DÉDUCTION A RAISON DE			DÉDUCTION.
6 %	7 %	8 %		6 %	7 %	8 %	
1680.60	1440.52	1260.45	28.01	1704.60	1461.09	1278.45	28.41
1681.20	1441.03	1260.90	28.02	1705.20	1461.60	1278.90	28.42
1681.80	1441.55	1261.35	28.03	1705.80	1462.12	1279.35	28.43
1682.40	1442.06	1261.80	28.04	1706.40	1462.63	1279.80	28.44
1683.00	1442.58	1262.25	28.05	1707.00	1463.15	1280.25	28.45
1683.60	1443.09	1262.70	28.06	1707.60	1463.66	1280.70	28.46
1684.20	1443.60	1263.15	28.07	1708.20	1464.18	1281.15	28.47
1684.80	1444.12	1263.60	28.08	1708.80	1464.69	1281.60	28.48
1685.40	1444.63	1264.05	28.09	1709.40	1465.20	1282.05	28.49
1686.00	1445.15	1264.50	28.10	1710.00	1465.72	1282.50	28.50
1686.60	1445.66	1264.95	28.11	1710.60	1466.23	1282.95	28.51
1687.20	1446.18	1265.40	28.12	1711.20	1466.75	1283.40	28.52
1687.80	1446.69	1265.85	28.13	1711.80	1467.26	1283.85	28.53
1688.40	1447.20	1266.30	28.14	1712.40	1467.78	1284.30	28.54
1689.00	1447.72	1266.75	28.15	1713.00	1468.29	1284.75	28.55
1689.60	1448.23	1267.20	28.16	1713.60	1468.80	1285.20	28.56
1690.20	1448.75	1267.65	28.17	1714.20	1469.32	1285.65	28.57
1690.80	1449.26	1268.10	28.18	1714.80	1469.83	1286.10	28.58
1691.40	1449.78	1268.55	28.19	1715.40	1470.35	1286.55	28.59
1692.00	1450.29	1269.00	28.20	1716.00	1470.86	1287.00	28.60
1692.60	1450.80	1269.45	28.21	1716.60	1471.38	1287.45	28.61
1693.20	1451.32	1269.90	28.22	1717.20	1471.89	1287.90	28.62
1693.80	1451.83	1270.35	28.23	1717.80	1472.40	1288.35	28.63
1694.40	1452.35	1270.80	28.24	1718.40	1472.92	1288.80	28.64
1695.00	1452.86	1271.25	28.25	1719.00	1473.43	1289.25	28.65
1695.60	1453.38	1271.70	28.26	1719.60	1473.95	1289.70	28.66
1696.20	1453.89	1272.15	28.27	1720.20	1474.46	1290.15	28.67
1696.80	1454.40	1272.60	28.28	1720.80	1474.98	1290.60	28.68
1697.40	1454.92	1273.05	28.29	1721.40	1475.49	1291.05	28.69
1698.00	1455.43	1273.50	28.30	1722.00	1476.00	1291.50	28.70
1698.60	1455.95	1273.95	28.31	1722.60	1476.52	1291.95	28.71
1699.20	1456.46	1274.40	28.32	1723.20	1477.03	1292.40	28.72
1699.80	1456.98	1274.85	28.33	1723.80	1477.55	1292.85	28.73
1700.40	1457.49	1275.30	28.34	1724.40	1478.06	1293.30	28.74
1701.00	1458.00	1275.75	28.35	1725.00	1478.58	1293.75	28.75
1701.60	1458.52	1276.20	28.36	1725.60	1479.09	1294.20	28.76
1702.20	1459.03	1276.65	28.37	1726.20	1479.60	1294.65	28.77
1702.80	1459.55	1277.10	28.38	1726.80	1480.12	1295.10	28.78
1703.40	1460.06	1277.55	28.39	1727.40	1480.63	1295.55	28.79
1704.00	1460.58	1278.00	28.40	1728.00	1481.15	1296.00	28.80

NOMBRES sur lesquels est calculée LA DÉDUCTION A RAISON DE			DÉDUCTION.	NOMBRES sur lesquels est calculée LA DÉDUCTION A RAISON DE			DÉDUCTION.
6 %	7 %	8 %		6 %	7 %	8 %	
1728.60	1481.66	1296.45	28.81	1752.60	1502.23	1314.45	29.21
1729.20	1482.18	1296.90	28.82	1753.20	1502.75	1314.90	29.22
1729.80	1482.69	1297.35	28.83	1753.80	1503.26	1315.35	29.23
1730.40	1483.20	1297.80	28.84	1754.40	1503.78	1315.80	29.24
1731.00	1483.72	1298.25	28.85	1755.00	1504.29	1316.25	29.25
1731.60	1484.23	1298.70	28.86	1755.60	1504.80	1316.70	29.26
1732.20	1484.75	1299.15	28.87	1756.20	1505.32	1317.15	29.27
1732.80	1485.26	1299.60	28.88	1756.80	1505.83	1317.60	29.28
1733.40	1485.78	1300.05	28.89	1757.40	1506.35	1318.05	29.29
1734.00	1486.29	1300.50	28.90	1758.00	1506.86	1318.50	29.30
1734.60	1486.80	1300.95	28.91	1758.60	1507.38	1318.95	29.31
1735.20	1487.32	1301.40	28.92	1759.20	1507.89	1319.40	29.32
1735.80	1487.83	1301.85	28.93	1759.80	1508.40	1319.85	29.33
1736.40	1488.35	1302.30	28.94	1760.40	1508.92	1320.30	29.34
1737.00	1488.86	1302.75	28.95	1761.00	1509.43	1320.75	29.35
1737.60	1489.38	1303.20	28.96	1761.60	1509.95	1321.20	29.36
1738.20	1489.89	1303.65	28.97	1762.20	1510.46	1321.65	29.37
1738.80	1490.40	1304.10	28.98	1762.80	1510.98	1322.10	29.38
1739.40	1490.92	1304.55	28.99	1763.40	1511.49	1322.55	29.39
1740.00	1491.43	1305.00	29.00	1764.00	1512.00	1323.00	29.40
1740.60	1491.95	1305.45	29.01	1764.60	1512.52	1323.45	29.41
1741.20	1492.46	1305.90	29.02	1765.20	1513.03	1323.90	29.42
1741.80	1492.98	1306.35	29.03	1765.80	1513.55	1324.35	29.43
1742.40	1493.49	1306.80	29.04	1766.40	1514.06	1324.80	29.44
1743.00	1494.00	1307.25	29.05	1767.00	1514.58	1325.25	29.45
1743.60	1494.52	1307.70	29.06	1767.60	1515.09	1325.70	29.46
1744.20	1495.03	1308.15	29.07	1768.20	1515.60	1326.15	29.47
1744.80	1495.55	1308.60	29.08	1768.80	1516.12	1326.60	29.48
1745.40	1496.06	1309.05	29.09	1769.40	1516.63	1327.05	29.49
1746.00	1496.58	1309.50	29.10	1770.00	1517.15	1327.50	29.50
1746.60	1497.09	1309.95	29.11	1770.60	1517.66	1327.95	29.51
1747.20	1497.60	1310.40	29.12	1771.20	1518.18	1328.40	29.52
1747.80	1498.12	1310.85	29.13	1771.80	1518.69	1328.85	29.53
1748.40	1498.63	1311.30	29.14	1772.40	1519.20	1329.30	29.54
1749.00	1499.15	1311.75	29.15	1773.00	1519.72	1329.75	29.55
1749.60	1499.66	1312.20	29.16	1773.60	1520.23	1330.20	29.56
1750.20	1500.18	1312.65	29.17	1774.20	1520.75	1330.65	29.57
1750.80	1500.69	1313.10	29.18	1774.80	1521.26	1331.10	29.58
1751.40	1501.20	1313.55	29.19	1775.40	1521.78	1331.55	29.59
1752.00	1501.72	1314.00	29.20	1776.00	1522.29	1332.00	29.60

NOMBRES sur lesquels est calculée LA DÉDUCTION A RAISON DE			DÉDUCTION.	NOMBRES sur lesquels est calculée LA DÉDUCTION A RAISON DE			DÉDUCTION.
6 %	7 %	8 %		6 %	7 %	8 %	
1776,60	1522,80	1332,45	29,61	1800,60	1543,38	1350,45	30,01
1777,20	1523,32	1332,90	29,62	1801,20	1543,89	1350,90	30,02
1777,80	1523,83	1333,35	29,63	1801,80	1544,40	1351,35	30,03
1778,40	1524,35	1333,80	29,64	1802,40	1544,92	1351,80	30,04
1779,00	1524,86	1334,25	29,65	1803,00	1545,43	1352,25	30,05
1779,60	1525,38	1334,70	29,66	1803,60	1545,95	1352,70	30,06
1780,20	1525,89	1335,15	29,67	1804,20	1546,46	1353,15	30,07
1780,80	1526,40	1335,60	29,68	1804,80	1546,98	1353,60	30,08
1781,40	1526,92	1336,05	29,69	1805,40	1547,49	1354,05	30,09
1782,00	1527,43	1336,50	29,70	1806,00	1548,00	1354,50	30,10
1782,60	1527,95	1336,95	29,71	1806,60	1548,52	1354,95	30,11
1783,20	1528,46	1337,40	29,72	1807,20	1549,03	1355,40	30,12
1783,80	1528,98	1337,85	29,73	1807,80	1549,55	1355,85	30,13
1784,40	1529,49	1338,30	29,74	1808,40	1550,06	1356,30	30,14
1785,00	1530,00	1338,75	29,75	1809,00	1550,58	1356,75	30,15
1785,60	1530,52	1339,20	29,76	1809,60	1551,09	1357,20	30,16
1786,20	1531,03	1339,65	29,77	1810,20	1551,60	1357,65	30,17
1786,80	1531,55	1340,10	29,78	1810,80	1552,12	1358,10	30,18
1787,40	1532,06	1340,55	29,79	1811,40	1552,63	1358,55	30,19
1788,00	1532,58	1341,00	29,80	1812,00	1553,15	1359,00	30,20
1788,60	1533,09	1341,45	29,81	1812,60	1553,66	1359,45	30,21
1789,20	1533,60	1341,90	29,82	1813,20	1554,18	1359,90	30,22
1789,80	1534,12	1342,35	29,83	1813,80	1554,69	1360,35	30,23
1790,40	1534,63	1342,80	29,84	1814,40	1555,20	1360,80	30,24
1791,00	1535,15	1343,25	29,85	1815,00	1555,72	1361,25	30,25
1791,60	1535,66	1343,70	29,86	1815,60	1556,23	1361,70	30,26
1792,20	1536,18	1344,15	29,87	1816,20	1556,75	1362,15	30,27
1792,80	1536,69	1344,60	29,88	1816,80	1557,26	1362,60	30,28
1793,40	1537,20	1345,05	29,89	1817,40	1557,78	1363,05	30,29
1794,00	1537,72	1345,50	29,90	1818,00	1558,29	1363,50	30,30
1794,60	1538,23	1345,95	29,91	1818,60	1558,80	1363,95	30,31
1795,20	1538,75	1346,40	29,92	1819,20	1559,32	1364,40	30,32
1795,80	1539,26	1346,85	29,93	1819,80	1559,83	1364,85	30,33
1796,40	1539,78	1347,30	29,94	1820,40	1560,35	1365,30	30,34
1797,00	1540,29	1347,75	29,95	1821,00	1560,86	1365,75	30,35
1797,60	1540,80	1348,20	29,96	1821,60	1561,38	1366,20	30,36
1798,20	1541,32	1348,65	29,97	1822,20	1561,89	1366,65	30,37
1798,80	1541,83	1349,10	29,98	1822,80	1562,40	1367,10	30,38
1799,40	1542,35	1349,55	29,99	1823,40	1562,92	1367,55	30,39
1800,00	1542,86	1350,00	30,00	1824,00	1563,43	1368,00	30,40

NOMBRES sur lesquels est calculée LA DÉDUCTION A RAISON DE			DÉDUCTION.	NOMBRES sur lesquels est calculée LA DÉDUCTION A RAISON DE			DÉDUCTION.
6 %	7 %	8 %		6 %	7 %	8 %	
1824.60	1563.95	1368.45	30.41	1848.60	1584.52	1386.45	30.81
1825.20	1564.46	1368.90	30.42	1849.20	1585.03	1386.90	30.82
1825.80	1564.98	1369.35	30.43	1849.80	1585.55	1387.35	30.83
1826.40	1565.49	1369.80	30.44	1850.40	1586.06	1387.80	30.84
1827.00	1566.00	1370.25	30.45	1851.00	1586.58	1388.25	30.85
1827.60	1566.52	1370.70	30.46	1851.60	1587.09	1388.70	30.86
1828.20	1567.03	1371.15	30.47	1852.20	1587.60	1389.15	30.87
1828.80	1567.55	1371.60	30.48	1852.80	1588.12	1389.60	30.88
1829.40	1568.06	1372.05	30.49	1853.40	1588.63	1390.05	30.89
1830.00	1568.58	1372.50	30.50	1854.00	1589.15	1390.50	30.90
1830.60	1569.09	1372.95	30.51	1854.60	1589.66	1390.95	30.91
1831.20	1569.60	1373.40	30.52	1855.20	1590.18	1391.40	30.92
1831.80	1570.12	1373.85	30.53	1855.80	1590.69	1391.85	30.93
1832.40	1570.63	1374.30	30.54	1856.40	1591.20	1392.30	30.94
1833.00	1571.15	1374.75	30.55	1857.00	1591.72	1392.75	30.95
1833.60	1571.66	1375.20	30.56	1857.60	1592.23	1393.20	30.96
1834.20	1572.18	1375.65	30.57	1858.20	1592.75	1393.65	30.97
1834.80	1572.69	1376.10	30.58	1858.80	1593.26	1394.10	30.98
1835.40	1573.20	1376.55	30.59	1859.40	1593.78	1394.55	30.99
1836.00	1573.72	1377.00	30.60	1860.00	1594.29	1395.00	31.00
1836.60	1574.23	1377.45	30.61	1860.60	1594.80	1395.45	31.01
1837.20	1574.75	1377.90	30.62	1861.20	1595.32	1395.90	31.02
1837.80	1575.26	1378.35	30.63	1861.80	1595.83	1396.35	31.03
1838.40	1575.78	1378.80	30.64	1862.40	1596.35	1396.80	31.04
1839.00	1576.29	1379.25	30.65	1863.00	1596.86	1397.25	31.05
1839.60	1576.80	1379.70	30.66	1863.60	1597.38	1397.70	31.06
1840.20	1577.32	1380.15	30.67	1864.20	1597.89	1398.15	31.07
1840.80	1577.83	1380.60	30.68	1864.80	1598.40	1398.60	31.08
1841.40	1578.35	1381.05	30.69	1865.40	1598.92	1399.05	31.09
1842.00	1578.86	1381.50	30.70	1866.00	1599.43	1399.50	31.10
1842.60	1579.38	1381.95	30.71	1866.60	1599.95	1399.95	31.11
1843.20	1579.89	1382.40	30.72	1867.20	1600.46	1400.40	31.12
1843.80	1580.40	1382.85	30.73	1867.80	1600.98	1400.85	31.13
1844.40	1580.92	1383.30	30.74	1868.40	1601.49	1401.30	31.14
1845.00	1581.43	1383.75	30.75	1869.00	1602.00	1401.75	31.15
1845.60	1581.95	1384.20	30.76	1869.60	1602.52	1402.20	31.16
1846.20	1582.46	1384.65	30.77	1870.20	1603.03	1402.65	31.17
1846.80	1582.98	1385.10	30.78	1870.80	1603.55	1403.10	31.18
1847.40	1583.49	1385.55	30.79	1871.40	1604.06	1403.55	31.19
1848.00	1584.00	1386.00	30.80	1872.00	1604.58	1404.00	31.20

NOMBRES sur lesquels est calculée LA DÉDUCTION A RAISON DE			DÉDUCTION.	NOMBRES sur lesquels est calculée LA DÉDUCTION A RAISON DE			DÉDUCTION.
6 %	7 %	8 %		6 %	7 %	8 %	
1872.60	1605.09	1404.45	31.21	1896.60	1625.66	1422.45	31.61
1873.20	1605.60	1404.90	31.22	1897.20	1626.18	1422.90	31.62
1873.80	1606.12	1405.35	31.23	1897.80	1626.69	1423.35	31.63
1874.40	1606.63	1405.80	31.24	1898.40	1627.20	1423.80	31.64
1875.00	1607.15	1406.25	31.25	1899.00	1627.72	1424.25	31.65
1875.60	1607.66	1406.70	31.26	1899.60	1628.23	1424.70	31.66
1876.20	1608.18	1407.15	31.27	1900.20	1628.75	1425.15	31.67
1876.80	1608.69	1407.60	31.28	1900.80	1629.26	1425.60	31.68
1877.40	1609.20	1408.05	31.29	1901.40	1629.78	1426.05	31.69
1878.00	1609.72	1408.50	31.30	1902.00	1630.29	1426.50	31.70
1878.60	1610.23	1408.95	31.31	1902.60	1630.80	1426.95	31.71
1879.20	1610.75	1409.40	31.32	1903.20	1631.32	1427.40	31.72
1879.80	1611.26	1409.85	31.33	1903.80	1631.83	1427.85	31.73
1880.40	1611.78	1410.30	31.34	1904.40	1632.35	1428.30	31.74
1881.00	1612.29	1410.75	31.35	1905.00	1632.86	1428.75	31.75
1881.60	1612.80	1411.20	31.36	1905.60	1633.38	1429.20	31.76
1882.20	1613.32	1411.65	31.37	1906.20	1633.89	1429.65	31.77
1882.80	1613.83	1412.10	31.38	1906.80	1634.40	1430.10	31.78
1883.40	1614.35	1412.55	31.39	1907.40	1634.92	1430.55	31.79
1884.00	1614.86	1413.00	31.40	1908.00	1635.43	1431.00	31.80
1884.60	1615.38	1413.45	31.41	1908.60	1635.95	1431.45	31.81
1885.20	1615.89	1413.90	31.42	1909.20	1636.46	1431.90	31.82
1885.80	1616.40	1414.35	31.43	1909.80	1636.98	1432.35	31.83
1886.40	1616.92	1414.80	31.44	1910.40	1637.49	1432.80	31.84
1887.00	1617.43	1415.25	31.45	1911.00	1638.00	1433.25	31.85
1887.60	1617.95	1415.70	31.46	1911.60	1638.52	1433.70	31.86
1888.20	1618.46	1416.15	31.47	1912.20	1639.03	1434.15	31.87
1888.80	1618.98	1416.60	31.48	1912.80	1639.55	1434.60	31.88
1889.40	1619.49	1417.05	31.49	1913.40	1640.06	1435.05	31.89
1890.00	1620.00	1417.50	31.50	1914.00	1640.58	1435.50	31.90
1890.60	1620.52	1417.95	31.51	1914.60	1641.09	1435.95	31.91
1891.20	1621.03	1418.40	31.52	1915.20	1641.60	1436.40	31.92
1891.80	1621.55	1418.85	31.53	1915.80	1642.12	1436.85	31.93
1892.40	1622.06	1419.30	31.54	1916.40	1642.63	1437.30	31.94
1893.00	1622.58	1419.75	31.55	1917.00	1643.15	1437.75	31.95
1893.60	1623.09	1420.20	31.56	1917.60	1643.66	1438.20	31.96
1894.20	1623.60	1420.65	31.57	1918.20	1644.18	1438.65	31.97
1894.80	1624.12	1421.10	31.58	1918.80	1644.69	1439.10	31.98
1895.40	1624.63	1421.55	31.59	1919.40	1645.20	1439.55	31.99
1896.00	1625.15	1422.00	31.60	1920.00	1645.72	1440.00	32.00

NOMBRES sur lesquels est calculée LA DÉDUCTION A RAISON DE			DÉDUCTION.	NOMBRES sur lesquels est calculée LA DÉDUCTION A RAISON DE			DÉDUCTION.
6 %	7 %	8 %		6 %	7 %	8 %	
1920.60	1646.23	1440.45	32.01	1944.60	1666.80	1458.45	32.41
1921.20	1646.75	1440.90	32.02	1945.20	1667.32	1458.90	32.42
1921.80	1647.26	1441.35	32.03	1945.80	1667.83	1459.35	32.43
1922.40	1647.78	1441.80	32.04	1946.40	1668.35	1459.80	32.44
1923.00	1648.29	1442.25	32.05	1947.00	1668.86	1460.25	32.45
1923.60	1648.80	1442.70	32.06	1947.60	1669.38	1460.70	32.46
1924.20	1649.32	1443.15	32.07	1948.20	1669.89	1461.15	32.47
1924.80	1649.83	1443.60	32.08	1948.80	1670.40	1461.60	32.48
1925.40	1650.35	1444.05	32.09	1949.40	1670.92	1462.05	32.49
1926.00	1650.86	1444.50	32.10	1950.00	1671.43	1462.50	32.50
1926.60	1651.38	1444.95	32.11	1950.60	1671.95	1462.95	32.51
1927.20	1651.89	1445.40	32.12	1951.20	1672.46	1463.40	32.52
1927.80	1652.40	1445.85	32.13	1951.80	1672.98	1463.85	32.53
1928.40	1652.92	1446.30	32.14	1952.40	1673.49	1464.30	32.54
1929.00	1653.43	1446.75	32.15	1953.00	1674.00	1464.75	32.55
1929.60	1653.95	1447.20	32.16	1953.60	1674.52	1465.20	32.56
1930.20	1654.46	1447.65	32.17	1954.20	1675.03	1465.65	32.57
1930.80	1654.98	1448.10	32.18	1954.80	1675.55	1466.10	32.58
1931.40	1655.49	1448.55	32.19	1955.40	1676.06	1466.55	32.59
1932.00	1656.00	1449.00	32.20	1956.00	1676.58	1467.00	32.60
1932.60	1656.52	1449.45	32.21	1956.60	1677.09	1467.45	32.61
1933.20	1657.03	1449.90	32.22	1957.20	1677.60	1467.90	32.62
1933.80	1657.55	1450.35	32.23	1957.80	1678.12	1468.35	32.63
1934.40	1658.06	1450.80	32.24	1958.40	1678.63	1468.80	32.64
1935.00	1658.58	1451.25	32.25	1959.00	1679.15	1469.25	32.65
1935.60	1659.09	1451.70	32.26	1959.60	1679.66	1469.70	32.66
1936.20	1659.60	1452.15	32.27	1960.20	1680.18	1470.15	32.67
1936.80	1660.12	1452.60	32.28	1960.80	1680.69	1470.60	32.68
1937.40	1660.63	1453.05	32.29	1961.40	1681.20	1471.05	32.69
1938.00	1661.15	1453.50	32.30	1962.00	1681.72	1471.50	32.70
1938.60	1661.66	1453.95	32.31	1962.60	1682.23	1471.95	32.71
1939.20	1662.18	1454.40	32.32	1963.20	1682.75	1472.40	32.72
1939.80	1662.69	1454.85	32.33	1963.80	1683.26	1472.85	32.73
1940.40	1663.20	1455.30	32.34	1964.40	1683.78	1473.30	32.74
1941.00	1663.72	1455.75	32.35	1965.00	1684.29	1473.75	32.75
1941.60	1664.23	1456.20	32.36	1965.60	1684.80	1474.20	32.76
1942.20	1664.75	1456.65	32.37	1966.20	1685.32	1474.65	32.77
1942.80	1665.26	1457.10	32.38	1966.80	1685.83	1475.10	32.78
1943.40	1665.78	1457.55	32.39	1967.40	1686.35	1475.55	32.79
1944.00	1666.29	1458.00	32.40	1968.00	1686.86	1476.00	32.80

NOMBRES sur lesquels est calculée LA DÉDUCTION A RAISON DE			DÉDUCTION.	NOMBRES sur lesquels est calculée LA DÉDUCTION A RAISON DE			DÉDUCTION.
6 %	7 %	8 %		6 %	7 %	8 %	
1968.60	1687.38	1476.45	32.81	1992.60	1707.95	1494.45	33.21
1969.20	1687.89	1476.90	32.82	1993.20	1708.46	1494.90	33.22
1969.80	1688.40	1477.35	32.83	1993.80	1708.98	1495.35	33.23
1970.40	1688.92	1477.80	32.84	1994.40	1709.49	1495.80	33.24
1971.00	1689.43	1478.25	32.85	1995.00	1710.00	1496.25	33.25
1971.60	1689.95	1478.70	32.86	1995.60	1710.52	1496.70	33.26
1972.20	1690.46	1479.15	32.87	1996.20	1711.03	1497.15	33.27
1972.80	1690.98	1479.60	32.88	1996.80	1711.55	1497.60	33.28
1973.40	1691.49	1480.05	32.89	1997.40	1712.06	1498.05	33.29
1974.00	1691.00	1480.50	32.90	1998.00	1712.58	1498.50	33.30
1974.60	1692.52	1480.95	32.91	1998.60	1713.09	1498.95	33.31
1975.20	1693.03	1481.40	32.92	1999.20	1713.60	1499.40	33.32
1975.80	1693.55	1481.85	32.93	1999.80	1714.12	1499.85	33.33
1976.40	1694.06	1482.30	32.94	2000.40	1714.63	1500.30	33.34
1977.00	1694.58	1482.75	32.95	2001.00	1715.15	1500.75	33.35
1977.60	1695.09	1483.20	32.96	2001.60	1715.66	1501.20	33.36
1978.20	1695.60	1483.65	32.97	2002.20	1716.18	1501.65	33.37
1978.80	1696.12	1484.10	32.98	2002.80	1716.69	1502.10	33.38
1979.40	1696.63	1484.55	32.99	2003.40	1717.20	1502.55	33.39
1980.00	1697.15	1485.00	33.00	2004.00	1717.72	1503.00	33.40
1980.60	1697.66	1485.45	33.01	2004.60	1718.23	1503.45	33.41
1981.20	1698.18	1485.90	33.02	2005.20	1718.75	1503.90	33.42
1981.80	1698.69	1486.35	33.03	2005.80	1719.26	1504.35	33.43
1982.40	1699.20	1486.80	33.04	2006.40	1719.78	1504.80	33.44
1983.00	1699.72	1487.25	33.05	2007.00	1720.29	1505.25	33.45
1983.60	1700.23	1487.70	33.06	2007.60	1720.80	1505.70	33.46
1984.20	1700.75	1488.15	33.07	2008.20	1721.32	1506.15	33.47
1984.80	1701.26	1488.60	33.08	2008.80	1721.83	1506.60	33.48
1985.40	1701.78	1489.05	33.09	2009.40	1722.35	1507.05	33.49
1986.00	1702.29	1489.50	33.10	2010.00	1722.86	1507.50	33.50
1986.60	1702.80	1489.95	33.11	2010.60	1723.38	1507.95	33.51
1987.20	1703.32	1490.40	33.12	2011.20	1723.89	1508.40	33.52
1987.80	1703.83	1490.85	33.13	2011.80	1724.40	1508.85	33.53
1988.40	1704.35	1491.30	33.14	2012.40	1724.92	1509.30	33.54
1989.00	1704.86	1491.75	33.15	2013.00	1725.43	1509.75	33.55
1989.60	1705.38	1492.20	33.16	2013.60	1725.95	1510.20	33.56
1990.20	1705.89	1492.65	33.17	2014.20	1726.46	1510.65	33.57
1990.80	1706.40	1493.10	33.18	2014.80	1726.98	1511.10	33.58
1991.40	1706.92	1493.55	33.19	2015.40	1727.49	1511.55	33.59
1992.00	1707.43	1494.00	33.20	2016.00	1728.00	1512.00	33.60

NOMBRES sur lesquels est calculée LA DÉDUCTION A RAISON DE			DÉDUCTION.	NOMBRES sur lesquels est calculée LA DÉDUCTION A RAISON DE			DÉDUCTION.
6 %	7 %	8 %		6 %	7 %	8 %	
2016.60	1728.52	1512.45	33.61	2040.60	1749.09	1530.45	34.01
2017.20	1729.03	1512.90	33.62	2041.20	1749.60	1530.90	34.02
2017.80	1729.55	1513.35	33.63	2041.80	1750.12	1531.35	34.03
2018.40	1730.06	1513.80	33.64	2042.40	1750.63	1531.80	34.04
2019.00	1730.58	1514.25	33.65	2043.00	1751.15	1532.25	34.05
2019.60	1731.09	1514.70	33.66	2043.60	1751.66	1532.70	34.06
2020.20	1731.60	1515.15	33.67	2044.20	1752.18	1533.15	34.07
2020.80	1732.12	1515.60	33.68	2044.80	1752.69	1533.60	34.08
2021.40	1732.63	1516.05	33.69	2045.40	1753.20	1534.05	34.09
2022.00	1733.15	1516.50	33.70	2046.00	1753.72	1534.50	34.10
2022.60	1733.66	1516.95	33.71	2046.60	1754.23	1534.95	34.11
2023.20	1734.18	1517.40	33.72	2047.20	1754.75	1535.40	34.12
2023.80	1734.69	1517.85	33.73	2047.80	1755.26	1535.85	34.13
2024.40	1735.20	1518.30	33.74	2048.40	1755.78	1536.30	34.14
2025.00	1735.72	1518.75	33.75	2049.00	1756.29	1536.75	34.15
2025.60	1736.23	1519.20	33.76	2049.60	1756.80	1537.20	34.16
2026.20	1736.75	1519.65	33.77	2050.20	1757.32	1537.65	34.17
2026.80	1737.26	1520.10	33.78	2050.80	1757.83	1538.10	34.18
2027.40	1737.78	1520.55	33.79	2051.40	1758.35	1538.55	34.19
2028.00	1738.29	1521.00	33.80	2052.00	1758.86	1539.00	34.20
2028.60	1738.80	1521.45	33.81	2052.60	1759.38	1539.45	34.21
2029.20	1739.32	1521.90	33.82	2053.20	1759.89	1539.90	34.22
2029.80	1739.83	1522.35	33.83	2053.80	1760.40	1540.35	34.23
2030.40	1740.35	1522.80	33.84	2054.40	1760.92	1540.80	34.24
2031.00	1740.86	1523.25	33.85	2055.00	1761.43	1541.25	34.25
2031.60	1741.38	1523.70	33.86	2055.60	1761.95	1541.70	34.26
2032.20	1741.89	1524.15	33.87	2056.20	1762.46	1542.15	34.27
2032.80	1742.40	1524.60	33.88	2056.80	1762.98	1542.60	34.28
2033.40	1742.92	1525.05	33.89	2057.40	1763.49	1543.05	34.29
2034.00	1743.43	1525.50	33.90	2058.00	1764.00	1543.50	34.30
2034.60	1743.95	1525.95	33.91	2058.60	1764.52	1543.95	34.31
2035.20	1744.46	1526.40	33.92	2059.20	1765.03	1544.40	34.32
2035.80	1744.98	1526.85	33.93	2059.80	1765.55	1544.85	34.33
2036.40	1745.49	1527.30	33.94	2060.40	1766.06	1545.30	34.34
2037.00	1746.00	1527.75	33.95	2061.00	1766.58	1545.75	34.35
2037.60	1746.52	1528.20	33.96	2061.60	1767.09	1546.20	34.36
2038.20	1747.03	1528.65	33.97	2062.20	1767.60	1546.65	34.37
2038.80	1747.55	1529.10	33.98	2062.80	1768.12	1547.10	34.38
2039.40	1748.06	1529.55	33.99	2063.40	1768.63	1547.55	34.39
2040.00	1748.58	1530.00	34.00	2064.00	1769.15	1548.00	34.40

NOMBRES sur lesquels est calculée LA DÉDUCTION A RAISON DE			DÉDUCTION.	NOMBRES sur lesquels est calculée LA DÉDUCTION A RAISON DE			DÉDUCTION.
6 %	7 %	8 %		6 %	7 %	8 %	
2064.60	1769.66	1548.45	34.41	2088.60	1790.23	1566.45	34.81
2065.20	1770.18	1548.90	34.42	2089.20	1790.75	1566.90	34.82
2065.80	1770.69	1549.35	34.43	2089.80	1791.26	1567.35	34.83
2066.40	1771.20	1549.80	34.44	2090.40	1791.78	1567.80	34.84
2067.00	1771.72	1550.25	34.45	2091.00	1792.29	1568.25	34.85
2067.60	1772.23	1550.70	34.46	2091.60	1792.80	1568.70	34.86
2068.20	1772.75	1551.15	34.47	2092.20	1793.32	1569.15	34.87
2068.80	1773.26	1551.60	34.48	2092.80	1793.83	1569.60	34.88
2069.40	1773.78	1552.05	34.49	2093.40	1794.35	1570.05	34.89
2070.00	1774.29	1552.50	34.50	2094.00	1794.86	1570.50	34.90
2070.60	1774.80	1552.95	34.51	2094.60	1795.38	1570.95	34.91
2071.20	1775.32	1553.40	34.52	2095.20	1795.89	1571.40	34.92
2071.80	1775.83	1553.85	34.53	2095.80	1796.40	1571.85	34.93
2072.40	1776.35	1554.30	34.54	2096.40	1796.92	1572.30	34.94
2073.00	1776.86	1554.75	34.55	2097.00	1797.43	1572.75	34.95
2073.60	1777.38	1555.20	34.56	2097.60	1797.95	1573.20	34.96
2074.20	1777.89	1555.65	34.57	2098.20	1798.46	1573.65	34.97
2074.80	1778.40	1556.10	34.58	2098.80	1798.98	1574.10	34.98
2075.40	1778.92	1556.55	34.59	2099.40	1799.49	1574.55	34.99
2076.00	1779.43	1557.00	34.60	2100.00	1800.00	1575.00	35.00
2076.60	1779.95	1557.45	34.61	2100.60	1800.52	1575.45	35.01
2077.20	1780.46	1557.90	34.62	2101.20	1801.03	1575.90	35.02
2077.80	1780.98	1558.35	34.63	2101.80	1801.55	1576.35	35.03
2078.40	1781.49	1558.80	34.64	2102.40	1802.06	1576.80	35.04
2079.00	1782.00	1559.25	34.65	2103.00	1802.58	1577.25	35.05
2079.60	1782.52	1559.70	34.66	2103.60	1803.09	1577.70	35.06
2080.20	1783.03	1560.15	34.67	2104.20	1803.60	1578.15	35.07
2080.80	1783.55	1560.60	34.68	2104.80	1804.12	1578.60	35.08
2081.40	1784.06	1561.05	34.69	2105.40	1804.63	1579.05	35.09
2082.00	1784.58	1561.50	34.70	2106.00	1805.15	1579.50	35.10
2082.60	1785.09	1561.95	34.71	2106.60	1805.66	1579.95	35.11
2083.20	1785.60	1562.40	34.72	2107.20	1806.18	1580.40	35.12
2083.80	1786.12	1562.85	34.73	2107.80	1806.69	1580.85	35.13
2084.40	1786.63	1563.30	34.74	2108.40	1807.20	1581.30	35.14
2085.00	1787.15	1563.75	34.75	2109.00	1807.72	1581.75	35.15
2085.60	1787.66	1564.20	34.76	2109.60	1808.23	1582.20	35.16
2086.20	1788.18	1564.65	34.77	2110.20	1808.75	1582.65	35.17
2086.80	1788.69	1565.10	34.78	2110.80	1809.26	1583.10	35.18
2087.40	1789.20	1565.55	34.79	2111.40	1809.78	1583.55	35.19
2088.00	1789.72	1566.00	34.80	2112.00	1810.29	1584.00	35.20

NOMBRES sur lesquels est calculée LA DÉDUCTION A RAISON DE			DÉDUCTION.	NOMBRES sur lesquels est calculée LA DÉDUCTION A RAISON DE			DÉDUCTION.
6 %	7 %	8 %		6 %	7 %	8 %	
2112.60	1810.80	1584.45	35.21	2136.60	1831.38	1602.45	35.61
2113.20	1811.32	1584.90	35.22	2137.20	1831.89	1602.90	35.62
2113.80	1811.83	1585.35	35.23	2137.80	1832.40	1603.35	35.63
2114.40	1812.35	1585.80	35.24	2138.40	1832.92	1603.80	35.64
2115.00	1812.86	1586.25	35.25	2139.00	1833.43	1604.25	35.65
2115.60	1813.38	1586.70	35.26	2139.60	1833.95	1604.70	35.66
2116.20	1813.89	1587.15	35.27	2140.20	1834.46	1605.15	35.67
2116.80	1814.40	1587.60	35.28	2140.80	1834.98	1605.60	35.68
2117.40	1814.92	1588.05	35.29	2141.40	1835.49	1606.05	35.69
2118.00	1815.43	1588.50	35.30	2142.00	1836.00	1606.50	35.70
2118.60	1815.95	1588.95	35.31	2142.60	1836.52	1606.95	35.71
2119.20	1816.46	1589.40	35.32	2143.20	1837.03	1607.40	35.72
2119.80	1816.98	1589.85	35.33	2143.80	1837.55	1607.85	35.73
2120.40	1817.49	1590.30	35.34	2144.40	1838.06	1608.30	35.74
2121.00	1818.00	1590.75	35.35	2145.00	1838.58	1608.75	35.75
2121.60	1818.52	1591.20	35.36	2145.60	1839.09	1609.20	35.76
2122.20	1819.03	1591.65	35.37	2146.20	1839.60	1609.65	35.77
2122.80	1819.55	1592.10	35.38	2146.80	1840.12	1610.10	35.78
2123.40	1820.06	1592.55	35.39	2147.40	1840.63	1610.55	35.79
2124.00	1820.58	1593.00	35.40	2148.00	1841.15	1611.00	35.80
2124.60	1821.09	1593.45	35.41	2148.60	1841.66	1611.45	35.81
2125.20	1821.60	1593.90	35.42	2149.20	1842.18	1611.90	35.82
2125.80	1822.12	1594.35	35.43	2149.80	1842.69	1612.35	35.83
2126.40	1822.63	1594.80	35.44	2150.40	1843.20	1612.80	35.84
2127.00	1823.15	1595.25	35.45	2151.00	1843.72	1613.25	35.85
2127.60	1823.66	1595.70	35.46	2151.60	1844.23	1613.70	35.86
2128.20	1824.18	1596.15	35.47	2152.20	1844.75	1614.15	35.87
2128.80	1824.69	1596.60	35.48	2152.80	1845.26	1614.60	35.88
2129.40	1825.20	1597.05	35.49	2153.40	1845.78	1615.05	35.89
2130.00	1825.72	1597.50	35.50	2154.00	1846.29	1615.50	35.90
2130.60	1826.23	1597.95	35.51	2154.60	1846.80	1615.95	35.91
2131.20	1826.75	1598.40	35.52	2155.20	1847.32	1616.40	35.92
2131.80	1827.26	1598.85	35.53	2155.80	1847.83	1616.85	35.93
2132.40	1827.78	1599.30	35.54	2156.40	1848.35	1617.30	35.94
2133.00	1828.29	1599.75	35.55	2157.00	1848.86	1617.75	35.95
2133.60	1828.80	1600.20	35.56	2157.60	1849.38	1618.20	35.96
2134.20	1829.32	1600.65	35.57	2158.20	1849.89	1618.65	35.97
2134.80	1829.83	1601.10	35.58	2158.80	1850.40	1619.10	35.98
2135.40	1830.35	1601.55	35.59	2159.40	1850.92	1619.55	35.99
2136.00	1830.86	1602.00	35.60	2160.00	1851.43	1620.00	36.00

NOMBRES sur lesquels est calculée LA DÉDUCTION A RAISON DE			DÉDUCTION.	NOMBRES sur lesquels est calculée LA DÉDUCTION A RAISON DE			DÉDUCTION.
6 %	7 %	8 %		6 %	7 %	8 %	
2160,60	1851,95	1620,45	36,01	2184,60	1872,52	1638,45	36,41
2161,20	1852,46	1620,90	36,02	2185,20	1873,03	1638,90	36,42
2161,80	1852,98	1621,35	36,03	2185,80	1873,55	1639,35	36,43
2162,40	1853,49	1621,80	36,04	2186,40	1874,06	1639,80	36,44
2163,00	1854,00	1622,25	36,05	2187,00	1874,58	1640,25	36,45
2163,60	1854,52	1622,70	36,06	2187,60	1875,09	1640,70	36,46
2164,20	1855,03	1623,15	36,07	2188,20	1875,60	1641,15	36,47
2164,80	1855,55	1623,60	36,08	2188,80	1876,12	1641,60	36,48
2165,40	1856,06	1624,05	36,09	2189,40	1876,63	1642,05	36,49
2166 00	1856 58	1624,50	36,10	2190,00	1877,15	1642,50	36,50
2166,60	1857,09	1624,95	36,11	2190,60	1877,66	1642,95	36,51
2167,20	1857,60	1625,40	36,12	2191,20	1878,18	1643,40	36,52
2167,80	1858,12	1625,85	36,13	2191,80	1878,69	1643,85	36,53
2168,40	1858,63	1626,30	36,14	2192,40	1879,20	1644,30	36,54
2169,00	1859,15	1626,75	36,15	2193,00	1879,72	1644,75	36,55
2169,60	1859,66	1627,20	36,16	2193,60	1880,23	1645,20	36,56
2170,20	1860,18	1627,65	36,17	2194,20	1880,75	1645,65	36,57
2170,80	1860,69	1628,10	36,18	2194,80	1881,26	1646,40	36,58
2171,40	1861,20	1628,55	36,19	2195,40	1881,78	1646,85	36,59
2172,00	1861,72	1629,00	36,20	2196,00	1882,29	1647,00	36,60
2172,60	1862,23	1629,45	36,21	2196,60	1882,80	1647,45	36,61
2173,20	1862,75	1629,90	36,22	2197,20	1883,32	1647,90	36,62
2173,80	1863,26	1630,35	36,23	2197,80	1883,83	1648,35	36,63
2174,40	1863,78	1630,80	36,24	2198,40	1884,35	1648,80	36,64
2175,00	1864,29	1631,25	36,25	2199,00	1884,86	1649,25	36,65
2175,60	1864,80	1631,70	36,26	2199,60	1885,38	1649,70	36,66
2176,20	1865,32	1632,15	36,27	2200,20	1885,89	1650,15	36,67
2176,80	1865,83	1632,60	36,28	2200,80	1886,40	1650,60	36,68
2177,40	1866,35	1633,05	36,29	2201,40	1886,92	1651,05	36,69
2178 00	1866,86	1633,50	36,30	2202,00	1887,43	1651 50	36,70
2178,60	1867,38	1633,95	36,31	2202,60	1887,95	1651 95	36,71
2179,20	1867,89	1634,40	36,32	2203,20	1888,46	1652,40	36,72
2179,80	1868,40	1634,85	36,33	2203,80	1888,98	1652,85	36,73
2180,40	1868,92	1635,30	36,34	2204,40	1889,49	1653,30	36 74
2181,00	1869,43	1635,75	36,35	2205,00	1890,00	1653,75	36,75
2181,60	1869,95	1636,20	36,36	2205,60	1890,52	1654,20	36,76
2182,20	1870,46	1636,65	36,37	2206,20	1891,03	1654,65	36,77
2182,80	1870,98	1637,10	36,38	2206,80	1891,55	1655,10	36,78
2183,40	1871,49	1637,55	36,39	2207,40	1892,06	1655,55	36,79
2184,00	1872,00	1638,00	36,40	2208,00	1892,58	1656,00	36,80

NOMBRES sur lesquels est calculée LA DÉDUCTION A RAISON DE			DÉDUCTION.	NOMBRES sur lesquels est calculée LA DÉDUCTION A RAISON DE			DÉDUCTION.
6 %	7 %	8 %		6 %	7 %	8 %	
2208.60	1893.09	1656.45	36.81	2232.60	1913.66	1674.45	37.21
2209.20	1893.60	1656.90	36.82	2233.20	1914.18	1674.90	37.22
2209.80	1894.12	1657.35	36.83	2233.80	1914.69	1675.35	37.23
2210.40	1894.63	1657.80	36.84	2234.40	1915.20	1675.80	37.24
2211.00	1895.15	1658.25	36.85	2235.00	1915.72	1676.25	37.25
2211.60	1895.66	1658.70	36.86	2235.60	1916.23	1676.70	37.26
2212.20	1896.18	1659.15	36.87	2236.20	1916.75	1677.15	37.27
2212.80	1896.69	1659.60	36.88	2236.80	1917.26	1677.60	37.28
2213.40	1897.20	1660.05	36.89	2237.40	1917.78	1678.05	37.29
2214.00	1897.72	1660.50	36.90	2238.00	1918.29	1678.50	37.30
2214.60	1898.23	1660.95	36.91	2238.60	1918.80	1678.95	37.31
2215.20	1898.75	1661.40	36.92	2239.20	1919.32	1679.40	37.32
2215.80	1899.26	1661.85	36.93	2239.80	1919.83	1679.85	37.33
2216.40	1899.78	1662.30	36.94	2240.40	1920.35	1680.30	37.34
2217.00	1900.29	1662.75	36.95	2241.00	1920.86	1680.75	37.35
2217.60	1900.80	1663.20	36.96	2241.60	1921.38	1681.20	37.36
2218.20	1901.32	1663.65	36.97	2242.20	1921.89	1681.65	37.37
2218.80	1901.83	1664.10	36.98	2242.80	1922.40	1682.10	37.38
2219.40	1902.35	1664.55	36.99	2243.40	1922.92	1682.55	37.39
2220.00	1902.86	1665.00	37.00	2244.00	1923.43	1683.00	37.40
2220.60	1903.38	1665.45	37.01	2244.60	1923.95	1683.45	37.41
2221.20	1903.89	1665.90	37.02	2245.20	1924.46	1683.90	37.42
2221.80	1904.40	1666.35	37.03	2245.80	1924.98	1684.35	37.43
2222.40	1904.92	1666.80	37.04	2246.40	1925.49	1684.80	37.44
2223.00	1905.43	1667.25	37.05	2247.00	1926.00	1685.25	37.45
2223.60	1905.95	1667.70	37.06	2247.60	1926.52	1685.70	37.46
2224.20	1906.46	1668.15	37.07	2248.20	1927.03	1686.15	37.47
2224.80	1906.98	1668.60	37.08	2248.80	1927.55	1686.60	37.48
2225.40	1907.49	1669.05	37.09	2249.40	1928.06	1687.05	37.49
2226.00	1908.00	1669.50	37.10	2250.00	1928.58	1687.50	37.50
2226.60	1908.52	1669.95	37.11	2250.60	1929.09	1687.95	37.51
2227.20	1909.03	1670.40	37.12	2251.20	1929.60	1688.40	37.52
2227.80	1909.55	1670.85	37.13	2251.80	1930.12	1688.85	37.53
2228.40	1910.06	1671.30	37.14	2252.40	1930.63	1689.30	37.54
2229.00	1910.58	1671.75	37.15	2253.00	1931.15	1689.75	37.55
2229.60	1911.09	1672.20	37.16	2253.60	1931.66	1690.20	37.56
2230.20	1911.60	1672.65	37.17	2254.20	1932.18	1690.65	37.57
2230.80	1912.12	1673.10	37.18	2254.80	1932.69	1691.10	37.58
2231.40	1912.63	1673.55	37.19	2255.40	1933.20	1691.55	37.59
2232.00	1913.15	1674.00	37.20	2256.00	1933.72	1692.00	37.60

NOMBRES sur lesquels est calculée LA DÉDUCTION A RAISON DE			DÉDUCTION.	NOMBRES sur lesquels est calculée LA DÉDUCTION A RAISON DE			DÉDUCTION.
6 %	7 %	8 %		6 %	7 %	8 %	
2256.60	1934.23	1692.45	37.61	2280.60	1954.80	1710.45	38.01
2257.20	1934.75	1692.90	37.62	2281.20	1955.32	1710.90	38.02
2257.80	1935.26	1693.35	37.63	2281.80	1955.83	1711.35	38.03
2258.40	1935.78	1693.80	37.64	2282.40	1956.35	1711.80	38.04
2259.00	1936.29	1694.25	37.65	2283.00	1956.86	1712.25	38.04
2259.60	1936.80	1694.70	37.66	2283.60	1957.38	1712.70	38.05
2260.20	1937.32	1695.15	37.67	2284.20	1957.89	1713.15	38.06
2260.80	1937.83	1695.60	37.68	2284.80	1958.40	1713.60	38.07
2261.40	1938.35	1696.05	37.69	2285.40	1958.92	1714.05	38.08
2262.00	1938.86	1696.50	37.70	2286.00	1959.43	1714.50	38.10
2262.60	1939.38	1696.95	37.71	2286.60	1959.95	1714.95	38.11
2263.20	1939.89	1697.40	37.72	2287.20	1960.46	1715.40	38.12
2263.80	1940.40	1697.85	37.73	2287.80	1960.98	1715.85	38.13
2264.40	1940.92	1698.30	37.74	2288.40	1961.49	1716.30	38.14
2265.00	1941.43	1698.75	37.75	2289.00	1962.00	1716.75	38.15
2265.60	1941.95	1699.20	37.76	2289.60	1962.52	1717.20	38.16
2266.20	1912.46	1699.65	37.77	2290.20	1963.03	1717.65	38.17
2266.80	1942.98	1700.10	37.78	2290.80	1963.55	1718.10	38.18
2267.40	1943.49	1700.55	37.79	2291.40	1964.06	1718.55	38.19
2268.00	1944.00	1701.00	37.80	2292.00	1964.58	1719.00	38.20
2268.60	1944.52	1701.45	37.81	2292.60	1965.09	1719.45	38.21
2269.20	1945.03	1701.90	37.82	2293.20	1965.60	1719.90	38.22
2269.80	1945.55	1702.35	37.83	2293.80	1966.12	1720.35	38.23
2270.40	1946.06	1702.80	37.84	2294.40	1966.63	1720.80	38.23
2271.00	1946.58	1703.25	37.85	2295.00	1967.15	1721.25	38.25
2271.60	1947.09	1703.70	37.86	2295.60	1967.66	1721.70	38.26
2272.20	1947.60	1704.15	37.87	2296.20	1968.18	1722.15	38.27
2272.80	1948.12	1704.60	37.88	2296.80	1968.69	1722.60	38.28
2273.40	1948.63	1705.05	37.89	2297.40	1969.20	1723.05	38.29
2274.00	1949.15	1705.50	37.90	2298.00	1969.72	1723.50	38.30
2274.60	1949.66	1705.95	37.91	2298.60	1970.23	1723.95	38.31
2275.20	1950.18	1706.40	37.92	2299.20	1970.75	1724.40	38.32
2275.80	1950.69	1706.85	37.93	2299.80	1971.26	1724.85	38.33
2276.40	1951.20	1707.30	37.94	2300.40	1971.78	1725.30	38.34
2277.00	1951.72	1707.75	37.95	2301.00	1972.29	1725.75	38.35
2277.60	1952.23	1708.20	37.96	2301.60	1972.80	1726.20	38.36
2278.20	1952.75	1708.65	37.97	2302.20	1973.32	1726.65	38.37
2278.80	1953.26	1709.10	37.98	2302.80	1973.83	1727.10	38.38
2279.40	1953.78	1709.55	37.99	2303.40	1974.35	1727.55	38.39
2280.00	1954.29	1710.00	38.00	2304.00	1974.86	1728.00	38.40

NOMBRES sur lesquels est calculée LA DÉDUCTION A RAISON DE			DÉDUCTION.	NOMBRES sur lesquels est calculée LA DÉDUCTION A RAISON DE			DÉDUCTION.
6 %	7 %	8 %		6 %	7 %	8 %	
2304.60	1975.38	1728.45	38.41	2328.60	1995.95	1746.45	38.81
2305.20	1975.89	1728.90	38.42	2329.20	1996.46	1746.90	38.82
2305.80	1976.40	1729.35	38.43	2329.80	1996.98	1747.35	38.83
2306.40	1976.92	1729.80	38.44	2330.40	1997.49	1747.80	38.84
2307.00	1977.43	1730.25	38.45	2331.00	1998.00	1748.25	38.85
2307.60	1977.95	1730.70	38.46	2331.60	1998.52	1748.70	38.86
2308.20	1978.46	1731.15	38.47	2332.20	1999.03	1749.15	38.87
2308.80	1978.98	1731.60	38.48	2332.80	1999.55	1749.60	38.88
2309.40	1979.49	1732.05	38.49	2333.40	2000.06	1750.05	38.89
2310.00	1980.00	1732.50	38.50	2334.00	2000.58	1750.50	38.90
2310.60	1980.52	1732.95	38.51	2334.60	2001.09	1750.95	38.91
2311.20	1981.03	1733.40	38.52	2335.20	2001.60	1751.40	38.92
2311.80	1981.55	1733.85	38.53	2335.80	2002.12	1751.85	38.93
2312.40	1982.06	1734.30	38.54	2336.40	2002.63	1752.30	38.94
2313.00	1982.58	1734.75	38.55	2337.00	2003.15	1752.75	38.95
2313.60	1983.09	1735.20	38.56	2337.60	2003.66	1753.20	38.96
2314.20	1983.60	1735.65	38.57	2338.20	2004.18	1753.65	38.97
2314.80	1984.12	1736.10	38.58	2338.80	2004.69	1754.10	38.98
2315.40	1984.63	1736.55	38.59	2339.40	2005.20	1754.55	38.99
2316.00	1985.15	1737.00	38.60	2340.00	2005.72	1755.00	39.00
2316.60	1985.66	1737.45	38.61	2340.60	2006.23	1755.45	39.01
2317.20	1986.18	1737.90	38.62	2341.20	2006.75	1755.90	39.02
2317.80	1986.69	1738.35	38.63	2341.80	2007.26	1756.35	39.03
2318.40	1987.20	1738.80	38.64	2342.40	2007.78	1756.80	39.04
2319.00	1987.72	1739.25	38.65	2343.00	2008.29	1757.25	39.05
2319.60	1988.23	1739.70	38.66	2343.60	2008.80	1757.70	39.06
2320.20	1988.75	1740.15	38.67	2344.20	2009.32	1758.15	39.07
2320.80	1989.26	1740.60	38.68	2344.80	2009.83	1758.60	39.08
2321.40	1989.78	1741.05	38.69	2345.40	2010.35	1759.05	39.09
2322.00	1990.29	1741.50	38.70	2346.00	2010.86	1759.50	39.10
2322.60	1990.80	1741.95	38.71	2346.60	2011.38	1759.95	39.11
2323.20	1991.32	1742.40	38.72	2347.20	2011.89	1760.40	39.12
2323.80	1991.83	1742.85	38.73	2347.80	2012.40	1760.85	39.13
2324.40	1992.35	1743.30	38.74	2348.40	2012.92	1761.30	39.14
2325.00	1992.86	1743.75	38.75	2349.00	2013.43	1761.75	39.15
2325.60	1993.38	1744.20	38.76	2349.60	2013.95	1762.20	39.16
2326.20	1993.89	1744.65	38.77	2350.20	2014.46	1762.65	39.17
2326.80	1994.40	1745.10	38.78	2350.80	2014.98	1763.10	39.18
2327.40	1994.92	1745.55	38.79	2351.40	2015.49	1763.55	39.19
2328.00	1995.43	1746.00	38.80	2352.00	2016.00	1764.00	39.20

| NOMBRES sur lesquels est calculée LA DÉDUCTION A RAISON DE | | | DÉDUCTION. | NOMBRES sur lesquels est calculée LA DÉDUCTION A RAISON DE | | | DÉDUCTION. |
6 %	7 %	8 %		6 %	7 %	8 %	
2352.60	2016.52	1764.45	39.21	2376.60	2037.09	1782.45	39.61
2353.20	2017.03	1764.90	39.22	2377.20	2037.60	1782.90	39.62
2353.80	2017.55	1765.35	39.23	2377.80	2038.12	1783.35	39.63
2354.40	2018.06	1765.80	39.24	2378.40	2038.63	1783.80	39.64
2355.00	2018.58	1766.25	39.25	2379.00	2039.15	1784.25	39.65
2355.60	2019.09	1766.70	39.26	2379.60	2039.66	1784.70	39.66
2356.20	2019.60	1767.15	39.27	2380.20	2040.18	1785.15	39.67
2356.80	2020.12	1767.60	39.28	2380.80	2040.69	1785.60	39.68
2357.40	2020.63	1768.05	39.29	2381.40	2041.20	1786.05	39.69
2358.00	2021.15	1768.50	39.30	2382.00	2041.72	1786.50	39.70
2358.60	2021.66	1768.95	39.31	2382.60	2042.23	1786.95	39.71
2359.20	2022.18	1769.40	39.32	2383.20	2042.75	1787.40	39.72
2359.80	2022.69	1769.85	39.33	2383.80	2043.26	1787.85	39.73
2360.40	2023.20	1770.30	39.34	2384.40	2043.78	1788.30	39.74
2361.00	2023.72	1770.75	39.35	2385.00	2044.29	1788.75	39.75
2361.60	2024.23	1771.20	39.36	2385.60	2044.80	1789.20	39.76
2362.20	2024.75	1771.65	39.37	2386.20	2045.32	1789.65	39.77
2362.80	2025.26	1772.10	39.38	2386.80	2045.83	1790.10	39.78
2363.40	2025.78	1772.55	39.39	2387.40	2046.35	1790.55	39.79
2364.00	2026.29	1773.00	39.40	2388.00	2046.86	1791.00	39.80
2364.60	2026.80	1773.45	39.41	2388.60	2047.38	1791.45	39.81
2365.20	2027.32	1773.90	39.42	2389.20	2047.89	1791.90	39.82
2365.80	2027.83	1774.35	39.43	2389.80	2048.40	1792.35	39.83
2366.40	2028.35	1774.80	39.44	2390.40	2048.92	1792.80	39.84
2367.00	2028.86	1775.25	39.45	2391.00	2049.43	1793.25	39.85
2367.60	2029.38	1775.70	39.46	2391.60	2049.95	1793.70	39.86
2368.20	2029.89	1776.15	39.47	2392.20	2050.46	1794.15	39.87
2368.80	2030.40	1776.60	39.48	2392.80	2050.98	1794.60	39.88
2369.40	2030.92	1777.05	39.49	2393.40	2051.49	1795.05	39.89
2370.00	2031.43	1777.50	39.50	2394.00	2052.00	1795.50	39.90
2370.60	2031.95	1777.95	39.51	2394.60	2052.52	1795.95	39.91
2371.20	2032.46	1778.40	39.52	2395.20	2053.03	1796.40	39.92
2371.80	2032.98	1778.85	39.53	2395.80	2053.55	1796.85	39.93
2372.40	2033.49	1779.30	39.54	2396.40	2054.06	1797.30	39.94
2373.00	2034.00	1779.75	39.55	2397.00	2054.58	1797.75	39.95
2373.60	2034.52	1780.20	39.56	2397.60	2055.09	1798.20	39.96
2374.20	2035.03	1780.65	39.57	2398.20	2055.60	1798.65	39.97
2374.80	2035.55	1781.10	39.58	2398.80	2056.12	1799.10	39.98
2375.40	2036.06	1781.55	39.59	2399.40	2056.63	1799.55	39.99
2376.00	2036.58	1782.00	39.60	2400.00	2057.15	1800.00	40.00

NOMBRES sur lesquels est calculée LA DÉDUCTION À RAISON DE			DÉDUCTION.	NOMBRES sur lesquels est calculée LA DÉDUCTION À RAISON DE			DÉDUCTION.
6 %	7 %	8 %		6 %	7 %	8 %	
2400.60	2057.60	1800.45	40.01	2424.60	2078.23	1818.45	40.41
2401.20	2058.18	1800.00	40.02	2425.20	2078.75	1818.90	40.42
2401.80	2058.69	1801.35	40.03	2425.80	2079.26	1819.35	40.43
2402.40	2059.20	1801.80	40.04	2426.40	2079.78	1819.80	40.44
2403.00	2059.72	1802.25	40.05	2427.00	2080.29	1820.25	40.45
2403.60	2060.23	1802.70	40.06	2427.60	2080.80	1820.70	40.46
2404.20	2060.75	1803.15	40.07	2428.20	2081.32	1821.15	40.47
2404.80	2061.26	1803.60	40.08	2428.80	2081.83	1821.60	40.48
2405.40	2061.78	1804.05	40.09	2429.40	2082.35	1822.05	40.49
2406.00	2062.29	1804.50	40.10	2430.00	2082.86	1822.50	40.50
2406.60	2062.80	1804.95	40.11	2430.60	2083.38	1822.95	40.51
2407.20	2063.32	1805.40	40.12	2431.20	2083.89	1823.40	40.52
2407.80	2063.83	1805.85	40.13	2431.80	2084.40	1823.85	40.53
2408.40	2064.35	1806.30	40.14	2432.40	2084.92	1824.30	40.54
2409.00	2064.86	1806.75	40.15	2433.00	2085.43	1824.75	40.55
2409.60	2065.38	1807.20	40.16	2433.60	2085.95	1825.20	40.56
2410.20	2065.80	1807.65	40.17	2434.20	2086.46	1825.65	40.57
2410.80	2066.40	1808.10	40.18	2434.80	2086.98	1826.10	40.58
2411.40	2066.92	1808.55	40.19	2435.40	2087.49	1826.55	40.59
2412.00	2067.43	1809.00	40.20	2436.00	2088.00	1827.00	40.60
2412.60	2067.95	1809.45	40.21	2436.60	2088.52	1827.45	40.61
2413.20	2068.46	1809.90	40.22	2437.20	2089.03	1827.90	40.62
2413.80	2068.98	1810.35	40.23	2437.80	2089.55	1828.35	40.63
2414.40	2069.49	1810.80	40.24	2438.40	2090.06	1828.80	40.64
2415.00	2070.00	1811.25	40.25	2439.00	2090.58	1829.25	40.65
2415.60	2070.52	1811.70	40.26	2439.60	2091.09	1829.70	40.66
2416.20	2071.03	1812.15	40.27	2440.20	2091.60	1830.15	40.67
2416.80	2071.55	1812.60	40.28	2440.80	2092.12	1830.60	40.68
2417.40	2072.06	1813.05	40.29	2441.40	2092.63	1831.05	40.69
2418.00	2072.58	1813.50	40.30	2442.00	2093.15	1831.50	40.70
2418.60	2073.09	1813.95	40.31	2442.60	2093.66	1831.95	40.71
2419.20	2073.60	1814.40	40.32	2443.20	2094.18	1832.40	40.72
2419.80	2074.12	1814.85	40.33	2443.80	2094.69	1832.85	40.73
2420.40	2074.63	1815.30	40.34	2444.40	2095.20	1833.30	40.74
2421.00	2075.15	1815.75	40.35	2445.00	2095.72	1833.75	40.75
2421.60	2075.66	1816.20	40.36	2445.60	2096.23	1834.20	40.76
2422.20	2076.18	1816.65	40.37	2446.20	2096.75	1834.65	40.77
2422.80	2076.69	1817.10	40.38	2446.80	2097.26	1835.10	40.78
2423.40	2077.20	1817.55	40.39	2447.40	2097.78	1835.55	40.79
2424.00	2077.72	1818.00	40.40	2448.00	2098.29	1836.00	40.80

NOMBRES sur lesquels est calculée LA DÉDUCTION A RAISON DE			DÉDUCTION.	NOMBRES sur lesquels est calculée LA DÉDUCTION A RAISON DE			DÉDUCTION.
6 %	7 %	8 %		6 %	7 %	8 %	
2448.60	2098.80	1836.45	40.81	2472.60	2119.38	1854.45	41.21
2449.20	2099.32	1836.90	40.82	2473.20	2119.89	1854.90	41.22
2449.80	2099.83	1837.35	40.83	2473.80	2120.40	1855.35	41.23
2450.40	2100.35	1837.80	40.84	2474.40	2120.92	1855.80	41.24
2451.00	2100.86	1838.25	40.85	2475.00	2121.43	1856.25	41.25
2451.60	2101.38	1838.70	40.86	2475.60	2121.95	1856.70	41.26
2452.20	2101.89	1839.15	40.87	2476.20	2122.46	1857.15	41.27
2452.80	2102.40	1839.60	40.88	2476.80	2122.98	1857.60	41.28
2453.40	2102.92	1840.05	40.89	2477.40	2123.49	1858.05	41.29
2454.00	2103.43	1840.50	40.90	2478.00	2124.00	1858.50	41.30
2454.60	2103.95	1840.95	40.91	2478.60	2124.52	1858.95	41.31
2455.20	2104.46	1841.40	40.92	2479.20	2125.03	1859.40	41.32
2455.80	2104.98	1841.85	40.93	2479.80	2125.55	1859.85	41.33
2456.40	2105.49	1842.30	40.94	2480.40	2126.06	1860.30	41.34
2457.00	2106.00	1842.75	40.95	2481.00	2126.58	1860.75	41.35
2457.60	2106.52	1843.20	40.96	2481.60	2127.09	1861.20	41.36
2458.20	2107.03	1843.65	40.97	2482.20	2127.60	1861.65	41.37
2458.80	2107.55	1844.10	40.98	2482.80	2128.12	1862.10	41.38
2459.40	2108.06	1844.55	40.99	2483.40	2128.63	1862.55	41.39
2460.00	2108.58	1845.00	41.00	2484.00	2129.15	1863.00	41.40
2460.60	2109.09	1845.45	41.01	2484.60	2129.66	1863.45	41.41
2461.20	2109.60	1845.90	41.02	2485.20	2130.18	1863.90	41.42
2461.80	2110.12	1846.35	41.03	2485.80	2130.69	1864.35	41.43
2462.40	2110.63	1846.80	41.04	2486.40	2131.20	1864.80	41.44
2463.00	2111.15	1847.25	41.05	2487.00	2131.72	1865.25	41.45
2463.60	2111.66	1847.70	41.06	2487.60	2132.23	1865.70	41.46
2464.20	2112.18	1848.15	41.07	2488.20	2132.75	1866.15	41.47
2464.80	2112.69	1848.60	41.08	2488.80	2133.26	1866.60	41.48
2465.40	2113.20	1849.05	41.09	2489.40	2133.78	1867.05	41.49
2466.00	2113.72	1849.50	41.10	2490.00	2134.20	1867.50	41.50
2466.60	2114.23	1849.95	41.11	2490.60	2134.80	1867.95	41.51
2467.20	2114.75	1850.40	41.12	2491.20	2135.32	1868.40	41.52
2467.80	2115.26	1850.85	41.13	2491.80	2135.83	1868.85	41.53
2468.40	2115.78	1851.30	41.14	2492.40	2136.35	1869.30	41.54
2469.00	2116.29	1851.75	41.15	2493.00	2136.86	1869.75	41.55
2469.60	2116.80	1852.20	41.16	2493.60	2137.38	1870.20	41.56
2470.20	2117.32	1852.65	41.17	2494.20	2137.89	1870.65	41.57
2470.80	2117.83	1853.10	41.18	2494.80	2138.40	1871.10	41.58
2471.40	2118.35	1853.55	41.19	2495.40	2138.92	1871.55	41.59
2472.00	2118.86	1854.00	41.20	2496.00	2139.43	1872.00	41.60

| NOMBRES sur lesquels est calculée LA DÉDUCTION A RAISON DE | | | DÉDUCTION | NOMBRES sur lesquels est calculée LA DÉDUCTION A RAISON DE | | | DÉDUCTION |
6 %	7 %	8 %		6 %	7 %	8 %	
2496.60	2139.95	1872.45	41.61	2520.60	2160.52	1890.45	42.01
2497.20	2140.46	1872.90	41.62	2521.20	2161.03	1890.90	42.02
2497.80	2140.98	1873.35	41.63	2521.80	2161.55	1891.35	42.03
2498.40	2141.49	1873.80	41.64	2522.40	2162.06	1891.80	42.04
2499.00	2142.00	1874.25	41.65	2523.00	2162.58	1892.25	42.05
2499.60	2142.52	1874.70	41.66	2523.60	2163.09	1892.70	42.06
2500.20	2143.03	1875.15	41.67	2524.20	2163.60	1893.15	42.07
2500.80	2143.55	1875.60	41.68	2524.80	2164.12	1893.60	42.08
2501.40	2144.06	1876.05	41.69	2525.40	2164.63	1894.05	42.09
2502.00	2144.58	1876.50	41.70	2526.00	2165.15	1894.50	42.10
2502.60	2145.09	1876.95	41.71	2526.60	2165.66	1894.95	42.11
2503.20	2145.60	1877.40	41.72	2527.20	2166.18	1895.40	42.12
2503.80	2146.12	1877.85	41.73	2527.80	2166.69	1895.85	42.13
2504.40	2146.63	1878.30	41.74	2528.40	2167.20	1896.30	42.14
2505.00	2147.15	1878.75	41.75	2529.00	2167.72	1896.75	42.15
2505.60	2147.66	1879.20	41.76	2529.60	2168.23	1897.20	42.16
2506.20	2148.18	1879.65	41.77	2530.20	2168.75	1897.65	42.17
2506.80	2148.69	1880.10	41.78	2530.80	2169.26	1898.10	42.18
2507.40	2149.20	1880.55	41.79	2531.40	2169.78	1898.55	42.19
2508.00	2149.72	1881.00	41.80	2532.00	2170.29	1899.00	42.20
2508.60	2150.23	1881.45	41.84	2532.60	2170.60	1899.45	42.21
2509.20	2150.75	1881.90	41.82	2533.20	2171.32	1899.90	42.22
2509.80	2151.26	1882.35	41.83	2533.80	2171.83	1900.35	42.23
2510.40	2151.78	1882.80	41.84	2534.40	2172.35	1900.80	42.24
2511.00	2152.29	1883.25	41.85	2535.00	2172.86	1901.25	42.25
2511.60	2152.80	1883.70	41.86	2535.60	2173.38	1901.70	42.26
2512.20	2153.32	1884.15	41.87	2536.20	2173.89	1902.15	42.27
2512.80	2153.83	1884.60	41.88	2536.80	2174.40	1902.60	42.28
2513.40	2154.35	1885.05	41.89	2537.40	2174.92	1903.05	42.29
2514.00	2154.86	1885.50	41.90	2538.00	2175.43	1903.50	42.30
2514.60	2155.38	1885.95	41.01	2538.60	2175.95	1903.95	42.31
2515.20	2155.89	1886.40	41.02	2539.20	2176.46	1904.40	42.32
2515.80	2156.40	1886.85	41.03	2539.80	2176.98	1904.85	42.33
2516.40	2156.92	1887.30	41.04	2540.40	2177.49	1905.30	42.34
2517.00	2157.43	1887.75	41.05	2541.00	2178.00	1905.75	42.35
2517.60	2157.95	1888.20	41.06	2541.60	2178.52	1906.20	42.36
2518.20	2158.46	1888.65	41.07	2542.20	2179.03	1906.65	42.37
2518.80	2158.98	1889.10	41.08	2542.80	2179.55	1907.10	42.38
2519.40	2159.40	1889.55	41.09	2543.40	2180.06	1907.55	42.39
2520.00	2160.00	1890.00	42.00	2544.00	2180.58	1908.00	42.40

NOMBRES sur lesquels est calculée LA DÉDUCTION A RAISON DE			DÉDUCTION.	NOMBRES sur lesquels est calculée LA DÉDUCTION A RAISON DE			DÉDUCTION.
6 %	7 %	8 %		6 %	7 %	8 %	
2544.60	2181.00	1908.45	42.41	2568.60	2201.66	1926.45	42.81
2545.20	2181.60	1908.90	42.42	2569.20	2202.18	1926.90	42.82
2545.80	2182.12	1909.35	42.43	2569.80	2202.69	1927.35	42.83
2546.40	2182.63	1909.80	42.44	2570.40	2203.20	1927.80	42.84
2547.00	2183.15	1910.25	42.45	2571.00	2203.72	1928.25	42.85
2547.60	2183.66	1910.70	42.46	2571.60	2204.23	1928.70	42.86
2548.20	2184.18	1911.15	42.47	2572.20	2204.75	1929.15	42.87
2548.80	2184.69	1911.60	42.48	2572.80	2205.26	1929.60	42.88
2549.40	2185.20	1912.05	42.49	2573.40	2205.78	1930.05	42.89
2550.00	2185.72	1912.50	42.50	2574.00	2206.29	1930.50	42.90
2550.60	2186.23	1912.95	42.51	2574.60	2206.80	1930.95	42.91
2551.20	2186.75	1913.40	42.52	2575.20	2207.32	1931.40	42.92
2551.80	2187.26	1913.85	42.53	2575.80	2207.83	1931.85	42.93
2552.40	2187.78	1914.30	42.54	2576.40	2208.35	1932.30	42.94
2553.00	2188.29	1914.75	42.55	2577.00	2208.86	1932.75	42.95
2553.60	2188.80	1915.20	42.56	2577.60	2209.38	1933.20	42.96
2554.20	2189.32	1915.65	42.57	2578.20	2209.89	1933.65	42.97
2554.80	2189.83	1916.10	42.58	2578.80	2210.40	1934.10	42.98
2555.40	2190.35	1916.55	42.59	2579.40	2210.92	1934.55	42.99
2556.00	2190.86	1917.00	42.60	2580.00	2211.43	1935.00	43.00
2556.60	2191.38	1917.45	42.61	2580.60	2211.95	1935.45	43.01
2557.20	2191.89	1917.90	42.62	2581.20	2212.46	1935.90	43.02
2557.80	2192.40	1918.35	42.63	2581.80	2212.98	1936.35	43.03
2558.40	2192.92	1918.80	42.64	2582.40	2213.49	1936.80	43.04
2559.00	2193.43	1919.25	42.65	2583.00	2214.00	1937.25	43.05
2559.60	2193.95	1919.70	42.66	2583.60	2214.52	1937.70	43.06
2560.20	2194.46	1920.15	42.67	2584.20	2215.03	1938.15	43.07
2560.80	2194.98	1920.60	42.68	2584.80	2215.55	1938.60	43.08
2561.40	2195.49	1921.05	42.69	2585.40	2216.06	1939.05	43.09
2562.00	2196.00	1921.50	42.70	2586.00	2216.58	1939.50	43.10
2562.60	2196.52	1921.95	42.71	2586.60	2217.09	1939.95	43.11
2563.20	2197.03	1922.40	42.72	2587.20	2217.60	1940.40	43.12
2563.80	2197.55	1922.85	42.73	2587.80	2218.12	1940.85	43.13
2564.40	2198.06	1923.30	42.74	2588.40	2218.63	1941.30	43.14
2565.00	2198.58	1923.75	42.75	2589.00	2219.15	1941.75	43.15
2565.60	2199.09	1924.20	42.76	2589.60	2219.66	1942.20	43.16
2566.20	2199.60	1924.65	42.77	2590.20	2220.18	1942.65	43.17
2566.80	2200.12	1925.10	42.78	2590.80	2220.69	1943.10	43.18
2567.40	2200.63	1925.55	42.79	2591.40	2221.20	1943.55	43.19
2568.00	2201.15	1926.00	42.80	2592.00	2221.72	1944.00	43.20

NOMBRES sur lesquels est calculée LA DÉDUCTION A RAISON DE			DÉDUCTION.	NOMBRES sur lesquels est calculée LA DÉDUCTION A RAISON DE			DÉDUCTION.
6 %	7 %	8 %		6 %	7 %	8 %	
2502.60	2222.23	1944.45	43.21	2616.60	2242.80	1962.45	43.61
2503.20	2222.75	1944.90	43.22	2617.20	2243.32	1962.90	43.62
2503.80	2223.26	1945.35	43.23	2617.80	2243.83	1963.35	43.63
2504.40	2223.78	1945.80	43.24	2618.40	2244.35	1963.80	43.64
3595.00	2224.29	1946.25	43.25	2619.00	2244.86	1964.25	43.65
2595.60	2224.80	1946.70	43.26	2619.60	2245.38	1964.70	43.66
2596.20	2225.32	1947.15	43.27	2620.20	2245.89	1965.15	43.67
2596.80	2225.83	1947.60	43.28	2620.80	2246.40	1965.60	43.68
2597.40	2226.35	1948.05	43.29	2621.40	2246.92	1966.05	43.69
2598.00	2226.86	1948.50	43.30	2622.00	2247.43	1966.50	43.70
2598.60	2227.38	1948.95	43.31	2622.60	2247.95	1966.95	43.71
2599.20	2227.89	1949.40	43.32	2623.20	2248.46	1967.40	43.72
2599.80	2228.40	1949.85	43.33	2623.80	2248.98	1967.85	43.73
2600.40	2228.92	1950.30	43.34	2624.40	2249.49	1968.30	43.74
2601.00	2229.43	1950.75	43.35	2625.00	2250.00	1968.75	43.75
2601.60	2229.95	1951.20	43.36	2625.60	2250.52	1969.20	43.76
2602.20	2230.46	1951.65	43.37	2626.20	2251.03	1969.65	43.77
2602.80	2230.98	1952.10	43.38	2626.80	2251.55	1970.10	43.78
2603.40	2231.49	1952.55	43.39	2627.40	2252.06	1970.55	43.79
2604.00	2232.00	1953.00	43.40	2628.00	2252.58	1971.00	43.80
2604.60	2232.52	1953.45	43.41	2628.60	2253.09	1971.45	43.81
2605.20	2233.03	1953.90	43.42	2629.20	2253.60	1971.90	43.82
2605.80	2233.55	1954.35	43.43	2629.80	2254.12	1972.35	43.83
2606.40	2234.06	1954.80	43.44	2630.40	2254.63	1972.80	43.84
2607.00	2234.58	1955.25	43.45	2631.00	2255.15	1973.25	43.85
2607.60	2235.09	1955.70	43.46	2631.60	2255.66	1973.70	43.86
2608.20	2235.60	1956.15	43.47	2632.20	2256.18	1974.15	43.87
2608.80	2236.12	1956.60	43.48	2632.80	2256.69	1974.60	43.88
2609.40	2236.63	1957.05	43.49	2633.40	2257.20	1975.05	43.89
2610.00	2237.15	1957.50	43.50	2634.00	2257.72	1975.50	43.90
2610.60	2237.66	1957.95	43.51	2634.60	2258.23	1975.95	43.91
2611.20	2238.18	1958.40	43.52	2635.20	2258.75	1976.40	43.92
2611.80	2238.69	1958.85	43.53	2635.80	2259.26	1976.85	43.93
2612.40	2239.20	1959.30	43.54	2636.40	2259.78	1977.30	43.94
2613.00	2239.72	1959.75	43.55	2637.00	2260.29	1977.75	43.95
2613.60	2240.23	1960.20	43.56	2637.60	2260.80	1978.20	43.96
2614.20	2240.75	1960.65	43.57	2638.20	2261.32	1978.65	43.97
2614.80	2241.26	1961.10	43.58	2638.80	2261.83	1979.10	43.98
2615.40	2241.78	1961.55	43.59	2639.40	2262.35	1979.55	43.99
2616.00	2242.29	1962.00	43.60	2640.00	2262.80	1980.00	44.00

NOMBRES sur lesquels est calculée LA DÉDUCTION A RAISON DE			DÉDUCTION.	NOMBRES sur lesquels est calculée LA DÉDUCTION A RAISON DE			DÉDUCTION.
6 %	7 %	8 %		6 %	7 %	8 %	
2640.60	2263.38	1980.45	44.01	2664.60	2283.95	1998.45	44.41
2641.20	2263.89	1980.90	44.02	2665.20	2284.46	1998.90	44.42
2641.80	2264.40	1981.35	44.03	2665.80	2284.98	1999.35	44.43
2642.40	2264.92	1981.80	44.04	2666.40	2285.49	1999.80	44.44
2643.00	2265.43	1982.25	44.05	2667.00	2286.00	2000.25	44.45
2643.60	2265.95	1982.70	44.06	2667.60	2286.52	2000.70	44.46
2644.20	2266.46	1983.15	44.07	2668.20	2287.03	2001.15	44.47
2644.80	2266.98	1983.60	44.08	2668.80	2287.55	2001.60	44.48
2645.40	2267.49	1984.05	44.09	2669.40	2288.06	2002.05	44.49
2646.00	2268.00	1984.50	44.10	2670.00	2288.58	2002.50	44.50
2646.60	2268.52	1984.95	44.11	2670.60	2289.09	2002.95	44.51
2647.20	2269.03	1985.40	44.12	2671.20	2289.60	2003.40	44.52
2647.80	2669.55	1985.85	44.13	2671.80	2290.12	2003.85	44.53
2648.40	2270.06	1986.30	44.14	2672.40	2290.63	2004.30	44.54
2649.00	2270.58	1986.75	44.15	2673.00	2291.15	2004.75	44.55
2649.60	2271.09	1987.20	44.16	2673.60	2291.66	2005.20	44.56
2650.20	2271.60	1987.65	44.17	2674.20	2292.18	2005.65	44.57
2650.80	2272.12	1988.10	44.18	2674.80	2292.69	2006.10	44.58
2651.40	2272.63	1988.55	44.19	2675.40	2293.20	2006.55	44.59
2652.00	2273.15	1989.00	44.20	2676.00	2293.72	2007.00	44.60
2652.60	2273.66	1989.45	44.21	2676.60	2294.23	2007.45	44.61
2653.20	2274.18	1989.90	44.22	2677.20	2294.75	2007.90	44.62
2653.80	2274.69	1990.35	44.23	2677.80	2295.26	2008.35	44.63
2654.40	2275.20	1990.80	44.24	2678.40	2295.78	2008.80	44.64
2655.00	2275.72	1991.25	44.25	2679.00	2296.29	2009.25	44.65
2655.60	2276.23	1991.70	44.26	2679.60	2296.80	2009.70	44.66
2656.20	2276.75	1992.15	44.27	2680.20	2297.32	2010.15	44.67
2656.80	2277.26	1992.60	44.28	2680.80	2297.83	2010.60	44.68
2657.40	2277.78	1993.05	44.29	2681.40	2298.35	2011.05	44.69
2658.00	2278.29	1993.50	44.30	2682.00	2298.86	2011.50	44.70
2658.60	2278.80	1993.95	44.31	2682.60	2299.38	2011.95	44.71
2659.20	2279.32	1994.40	44.32	2683.20	2299.89	2012.40	44.72
2659.80	2279.83	1994.85	44.33	2683.80	2300.40	2012.85	44.73
2660.40	2280.35	1995.30	44.34	2684.40	2300.92	2013.30	44.74
2661.00	2280.86	1995.75	44.35	2685.00	2301.43	3013.75	44.75
2661.60	2281.38	1996.20	44.36	2685.60	2301.95	2014.20	44.76
2662.20	2281.89	1996.65	44.37	2686.20	2302.46	2014.65	44.77
2662.80	2282.40	1997.10	44.38	2686.80	2302.98	2015.10	44.78
2663.40	2282.92	1997.55	44.39	2687.40	2303.49	2015.55	44.79
2664.00	2283.43	1998.00	44.40	2688.00	2304.00	2016.00	44.80

| NOMBRES sur lesquels est calculée LA DÉDUCTION A RAISON DE | | | DÉDUCTION. | NOMBRES sur lesquels est calculée LA DÉDUCTION A RAISON DE | | | DÉDUCTION. |
6 %	7 %	8 %		6 %	7 %	8 %	
2688.60	2304.52	2016.45	44.81	2712.60	2325.09	2034.45	45.21
2689.20	2305.03	2016.90	44.82	2713.20	2325.60	2034.90	45.22
2689.80	2305.55	2017.35	44.83	2713.80	2326.12	2035.35	45.23
2690.40	2306.06	2017.80	44.84	2714.40	2326.63	2035.80	45.24
2691.00	2306.58	2018.25	44.85	2715.00	2327.15	2036.25	45.25
2691.60	2307.09	2018.70	44.86	2715.60	2327.66	2036.70	45.26
2692.20	2307.60	2019.15	44.87	2716.20	2328.18	2037.15	45.27
2692.80	2308.12	2019.60	44.88	2716.80	2328.69	2037.60	45.28
2693.40	2308.63	2020.05	44.89	2717.40	2329.20	2038.05	45.29
2694.00	2309.15	2020.50	44.90	2718.00	2329.72	2038.50	45.30
2694.60	2309.66	2020.95	44.91	2718.60	2330.23	2038.95	45.31
2695.20	2310.18	2021.40	44.92	2719.20	2330.75	2039.40	45.32
2695.80	2310.60	2021.85	44.93	2719.80	2331.26	2039.85	45.33
2696.40	2311.20	2022.30	44.94	2720.40	2331.78	2040.30	45.34
2697.00	2311.72	2022.75	44.95	2721.00	2332.20	2040.75	45.35
2697.60	2312.23	2023.20	44.96	2721.60	2332.80	2041.20	45.36
2698.20	2312.75	2023.65	44.97	2722.20	2333.32	2041.65	45.37
2698.80	2313.26	2024.10	44.98	2722.80	2333.83	2042.10	45.38
2699.40	2313.78	2024.55	44.99	2723.40	2334.35	2042.55	45.39
2700.00	2314.20	2025.00	45.00	2724.00	2334.86	2043.00	45.40
2700.60	2314.80	2025.45	45.01	2724.60	2335.38	2043.45	45.41
2701.20	2315.32	2025.90	45.02	2725.20	2335.89	2043.90	45.42
2701.80	2315.83	2026.35	45.03	2725.80	2336.40	2044.35	45.43
2702.40	2316.35	2026.80	45.04	2726.40	2336.92	2044.80	45.44
2703.00	2316.80	2027.25	45.05	2727.00	2337.43	2045.25	45.45
2703.60	2317.3	2027.70	45.06	2727.60	2337.95	2045.70	45.46
2704.20	2317.89	2028.15	45.07	2728.20	2338.46	2046.15	45.47
2704.80	2318.40	2028.60	45.08	2728.80	2338.98	2046.60	45.48
2705.40	2318.92	2029.05	45.09	2729.40	2339.49	2047.05	45.49
2706.00	2319.43	2029.50	45.10	2730.00	2340.00	2047.50	45.50
2706.60	2319.95	2029.95	45.11	2730.60	2340.52	2047.95	45.51
2707.20	2320.46	2030.40	45.12	2731.20	2341.03	2048.40	45.52
2707.80	2320.98	2030.85	45.13	2731.80	2341.55	2048.85	45.53
2708.40	2321.49	2031.30	45.14	2732.40	2342.06	2049.30	45.54
2709.00	2322.00	2031.75	45.15	2733.00	2342.58	2049.75	45.55
2709.60	2322.52	2032.20	45.16	2733.60	2343.09	2050.20	45.56
2710.20	2323.03	2032.65	45.17	2734.20	2343.60	2050.65	45.57
2710.80	2323.55	2033.10	45.18	2734.80	2344.12	2051.10	45.58
2711.40	2324.06	2033.55	45.19	2735.40	2344.63	2051.55	45.59
2712.00	2324.58	2034.00	45.20	2736.00	2345.15	2052.00	45.60

NOMBRES sur lesquels est calculée LA DÉDUCTION A RAISON DE			DÉDUCTION.	NOMBRES sur lesquels est calculée LA DÉDUCTION A RAISON DE			DÉDUCTION.
6 %	7 %	8 %		6 %	7 %	8 %	
2736.60	2346.00	2052.45	45.61	2760.60	2366.23	2070.45	46.01
2737.20	2346.18	2052.90	45.62	2761.20	2366.75	2070.90	46.02
2737.80	2346.69	2053.35	45.63	2761.80	2367.26	2071.35	46.03
2738.40	2347.20	2053.80	45.64	2762.40	2367.78	2071.80	46.04
2739.00	2347.72	2054.25	45.65	2763.00	2368.29	2072.25	46.05
2739.60	2348.23	2054.70	45.66	2763.60	2368.80	2072.70	46.06
2740.20	2348.75	2055.15	45.67	2764.20	2369.32	2073.15	46.07
2740.80	2349.26	2055.60	45.68	2764.80	2369.83	2073.60	46.08
2741.40	2349.78	2056.05	45.69	2765.40	2370.35	2074.05	46.09
2742.00	2350.29	2056.50	45.70	2766.00	2370.86	2074.50	46.10
2742.60	2350.80	2056.95	45.71	2766.60	2371.38	2074.95	46.11
2743.20	2351.32	2057.40	45.72	2767.20	2371.89	2075.40	46.12
2743.80	2351.83	2057.85	45.73	2767.80	2372.40	2075.85	46.13
2744.40	2352.35	2058.30	45.74	2768.40	2372.92	2076.30	46.14
2745.00	2352.86	2058.75	45.75	2769.00	2373.43	2076.75	46.15
2745.60	2353.38	2059.20	45.76	2769.60	2373.95	2077.20	46.16
2746.20	2353.89	2059.65	45.77	2770.20	2374.46	2077.65	46.17
2746.80	2354.40	2060.10	45.78	2770.80	2374.98	2078.10	46.18
2747.40	2354.92	2060.55	45.79	2771.40	2375.49	2078.55	46.19
2748.00	2355.43	2061.00	45.80	2772.00	2376.00	2079.00	46.20
2748.60	2355.95	2061.45	45.81	2772.60	2376.52	2079.45	46.21
2749.20	2356.46	2061.90	45.82	2773.20	2377.03	2079.90	46.22
2749.80	2356.98	2062.35	45.83	2773.80	2377.55	2080.35	46.23
2750.40	2357.49	2062.80	45.84	2774.40	2378.06	2080.80	46.24
2751.00	2358.00	2063.25	45.85	2775.00	2378.58	2081.25	46.25
2751.60	2358.52	2063.70	45.86	2775.60	2379.09	2081.70	46.26
2752.20	2359.03	2064.15	45.87	2776.20	2379.60	2082.15	46.27
2752.80	2359.55	2064.60	45.88	2776.80	2380.12	2082.60	46.28
2753.40	2360.06	2065.05	45.89	2777.40	2380.63	2083.05	46.29
2754.00	2360.58	2065.50	45.90	2778.00	2381.15	2083.50	46.30
2754.60	2361.09	2065.95	45.91	2778.60	2381.66	2083.95	46.31
2755.20	2361.60	2066.40	45.92	2779.20	2382.18	2084.40	46.32
2755.80	2362.12	2066.85	45.93	2779.80	2382.69	2084.85	46.33
2756.40	2362.63	2067.30	45.94	2780.40	2383.20	2085.30	46.34
2757.00	2363.15	2067.75	45.95	2781.00	2383.72	2085.75	46.35
2757.60	2363.66	2068.20	45.96	2781.60	2384.23	2086.20	46.36
2758.20	2364.18	2068.65	45.97	2782.20	2384.75	2086.65	46.37
2758.80	2364.69	2069.10	45.98	2782.80	2385.26	2087.10	46.38
2759.40	2365.20	2069.55	45.99	2783.40	2385.78	2087.55	46.39
2760.00	2365.72	2070.00	46.00	2784.00	2386.29	2088.00	46.40

NOMBRES sur lesquels est calculée LA DÉDUCTION A RAISON DE			DÉDUCTION.	NOMBRES sur lesquels est calculée LA DÉDUCTION A RAISON DE			DÉDUCTION.
6 %	**7 %**	**8 %**		**6 %**	**7 %**	**8 %**	
784.60	2386.80	2088.45	46.41	2808.60	2407.38	2106.45	46.81
785.20	2387.32	2088.90	46.42	2809.20	2407.89	2106.90	46.82
785.80	2387.83	2089.35	46.43	2809.80	2408.40	2107.35	46.83
786.40	2388.35	2089.80	46.44	2810.40	2408.92	2107.80	46.84
787.00	2388.86	2090.25	46.45	2811.00	2409.43	2108.25	46.85
787.60	2389.38	2090.70	46.46	2811.60	2409.95	2108.70	46.86
788.20	2389.89	2091.15	46.47	2812.20	2410.46	2109.15	46.87
788.80	2390.40	2091.60	46.48	2812.80	2410.98	2109.60	46.88
789.40	2390.92	2092.05	46.49	2813.40	2411.49	2110.05	46.89
790.00	2391.43	2092.50	46.50	2814.00	2412.00	2110.50	46.90
790.60	2391.95	2092.95	46.51	2814.60	2412.52	2110.95	46.91
791.20	2392.46	2093.40	46.52	2815.20	2413.03	2111.40	46.92
791.80	2392.98	2093.85	46.53	2815.80	2413.55	2111.85	46.93
92.40	2393.49	2094.30	46.54	2816.40	2414.06	2112.30	46.94
93.00	2394.00	2094.75	46.55	2817.00	2414.58	2112.75	46.95
93.60	2394.52	2095.20	46.56	2817.60	2415.09	2113.20	46.96
94.20	2395.03	2095.65	46.57	2818.20	2415.60	2113.65	46.97
94.80	2395.55	2096.10	46.58	2818.80	2416.12	2114.10	46.98
95.40	2396.06	2096.55	46.59	2819.40	2416.63	2114.55	46.99
96.00	2396.58	2097.00	46.60	2820.00	2417.15	2115.00	47.00
96.60	2397.09	2097.45	46.61	2820.60	2417.66	2115.45	47.01
97.20	2397.60	2097.90	46.62	2821.20	2418.18	2115.90	47.02
97.80	2398.12	2098.35	46.63	2821.80	2418.69	2116.35	47.03
98.40	2398.63	2098.80	46.64	2822.40	2419.20	2116.80	47.04
99.00	2399.15	2099.25	46.65	2823.00	2419.72	2117.25	47.05
99.60	2399.66	2099.70	46.66	2823.60	2420.23	2117.70	47.06
00.20	2400.18	2100.15	46.67	2824.20	2420.75	2118.15	47.07
800.80	2400.69	2100.60	46.68	2824.80	2421.26	2118.60	47.08
801.40	2401.20	2101.05	46.69	2825.40	2421.78	2119.05	47.09
802.00	2401.72	2101.50	46.70	2826.00	2422.29	2119.50	47.10
02.60	2402.23	2101.95	46.71	2826.60	2422.80	2119.95	47.11
803.20	2402.75	2102.40	46.72	2827.20	2423.32	2120.40	47.12
803.80	2403.26	2102.85	46.73	2827.80	2423.83	2120.85	47.13
804.40	2403.78	2103.30	46.74	2828.40	2424.35	2121.30	47.14
805.00	2404.29	2103.75	46.75	2829.00	2424.86	2121.75	47.15
805.60	2404.80	2104.20	46.76	2829.60	2425.38	2122.20	47.16
806.20	2405.32	2104.65	46.77	2830.20	2425.89	2122.65	47.17
806.80	2405.83	2105.10	46.78	2830.80	2426.40	2123.10	47.18
807.40	2406.35	2105.55	46.79	2831.40	2426.92	2123.55	47.19
808.00	2406.86	2106.00	46.80	2832.00	2427.43	2124.00	47.20

NOMBRES sur lesquels est calculée LA DÉDUCTION A RAISON DE			DÉDUCTION.
6 %	7 %	8 %	
2832.60	2427.95	2124.45	47.21
833.20	2428.46	2124.90	47.22
2833.80	2428.98	2125.35	47.23
2834.40	2429.49	2125.80	47.24
835.00	2430.00	2126.25	47.25
835.60	2430.52	2126.70	47.26
836.20	2431.03	2127.15	47.27
2836.80	2431.55	2127.60	47.28
837.40	2432.06	2128.05	47.29
2838.00	2432.58	2128.50	47.30
2838.60	2433.09	2128.95	47.31
2839.20	2433.60	2129.40	47.32
2839.80	2434.12	2129.85	47.33
2840.40	2434.63	2130.30	47.34
2841.00	2435.15	2130.75	47.35
2841.60	2435.66	2131.20	47.36
2842.20	2436.18	2131.65	47.37
2842.80	2436.69	2132.10	47.38
2843.40	2437.20	2132.55	47.39
2844.00	2437.72	2133.00	47.40
844.60	2438.23	2133.45	47.41
845.20	2438.75	2133.90	47.42
2845.80	2439.26	2134.35	47.43
2846.40	2439.78	2134.80	47.44
2847.00	2440.29	2135.25	47.45
847.60	2440.80	2135.70	47.46
2848.20	2441.32	2136.15	47.47
2848.80	2441.83	2136.60	47.48
2849.40	2442.35	2137.05	47.49
2850.00	2442.86	2137.50	47.50
850.60	2443.38	2137.95	47.51
851.20	2443.89	2138.40	47.52
851.80	2444.40	2138.85	47.53
2852.40	2444.92	2139.30	47.54
853.00	2445.43	2139.75	47.55
2853.60	2445.95	2140.20	47.56
2854.20	2446.46	2140.65	47.57
2854.80	2446.98	2141.10	47.58
855.40	2447.49	2141.55	47.59
2856.00	2448.00	2142.00	47.60

NOMBRES sur lesquels est calculée LA DÉDUCTION A RAISON DE			DÉDUCTION.
6 %	7 %	8 %	
2856.60	2448.52	2142.45	47.61
2857.20	2449.03	2142.90	47.62
2857.80	2449.55	2143.35	47.63
2858.40	2450.06	2143.80	47.64
2859.00	2450.58	2144.25	47.65
2859.60	2451.09	2144.70	47.66
2860.20	2451.60	2145.15	47.67
2860.80	2452.12	2145.60	47.68
2861.40	2452.63	2146.05	47.69
2862.00	2453.15	2146.50	47.70
2862.60	2453.66	2146.95	47.71
2863.20	2454.18	2147.40	47.72
2863.80	2454.69	2147.85	47.73
2864.40	2455.20	2148.30	47.74
2865.00	2455.72	2148.75	47.75
2865.60	2456.23	2149.20	47.76
2866.20	2456.75	2149.65	47.77
2866.80	2457.26	2150.10	47.78
2867.40	2457.78	2150.55	47.79
2868.00	2458.29	2151.00	47.80
2868.60	2458.80	2151.45	47.81
2869.20	2459.32	2151.90	47.82
2869.80	2459.83	2152.35	47.83
2870.40	2460.35	2152.80	47.84
2871.00	2460.86	2153.25	47.85
2871.60	2461.38	2153.70	47.86
2872.20	2461.89	2154.15	47.87
2872.80	2462.40	2154.60	47.88
2873.40	2462.92	2155.05	47.89
2874.00	2463.43	2155.50	47.90
2874.60	2463.95	2155.95	47.91
2875.20	2464.46	2156.40	47.92
2875.80	2464.98	2156.85	47.93
2876.40	2465.49	2157.30	47.94
2877.00	2466.00	2157.75	47.95
2877.60	2466.52	2158.20	47.96
2878.20	2467.03	2158.65	47.97
2878.80	2467.55	2159.10	47.98
2879.40	2468.06	2159.55	47.99
2880.00	2468.58	2160.00	48.00

NOMBRES sur lesquels est calculée LA DÉDUCTION A RAISON DE			DÉDUCTION.	NOMBRES sur lesquels est calculée LA DÉDUCTION A RAISON DE			DÉDUCTION.
6 %	7 %	8 %		6 %	7 %	8 %	
2880.60	2469.09	2160.45	48.01	2904.60	2189.66	2178.45	48.41
2881.20	2469.60	2160.90	48.02	2905.20	2490.18	2178.90	48.42
2881.80	2470.12	2161.35	48.03	2905.80	2490.69	2179.35	48.43
2882.40	2470.63	2161.80	48.04	2906.40	2491.20	2179.80	48.44
2883.00	2471.15	2162.25	48.05	2907.00	2491.72	2180.25	48.45
2883.60	2471.66	2162.70	48.06	2907.60	2492.23	2180.70	48.46
2884.20	2472.18	2163.15	48.07	2908.20	2492.75	2181.15	48.47
2884.80	2472.69	2163.60	48.08	2908.80	2493.26	2181.60	48.48
2885.40	2473.20	2164.05	48.09	2909.40	2493.78	2182.05	48.49
2886.00	2473.72	2164.50	48.10	2910.00	2494.29	2182.50	48.50
2886.60	2474.23	2164.95	48.11	2910.60	2494.80	2182.95	48.51
2887.20	2474.75	2165.40	48.12	2911.20	2495.32	2183.40	48.52
887.80	2475.26	2165.85	48.13	2911.80	2495.83	2183.85	48.53
2888.40	2475.78	2166.30	48.14	2912.40	2496.35	2184.30	48.54
2889.00	2476.29	2166.75	48.15	2913.00	2496.86	2184.75	48.55
2889.60	2476.80	2167.20	48.16	2913.60	2497.38	2185.20	48.56
2890.20	2477.32	2167.65	48.17	2914.20	2497.89	2185.65	48.57
2890.80	2477.83	2168.40	48.18	2914.80	2498.40	2186.10	48.58
2891.40	2478.35	2168.55	48.19	2915.40	2498.92	2186.55	48.59
2892.00	2478.86	2169.00	48.20	2916.00	2499.43	2187.00	48.60
2892.60	2479.38	2169.45	48.21	2916.60	2499.95	2187.45	48.61
2893.20	2479.89	2169.90	48.22	2917.20	2500.46	2187.90	48.62
2893.80	2480.40	2170.35	48.23	2917.80	2500.98	2188.35	48.63
2894.40	2480.92	2170.80	48.24	2918.40	2501.49	2188.80	48.64
2895.00	2481.43	2171.25	48.25	2919.00	2502.00	2189.25	48.65
2895.60	2481.95	2171.70	48.26	2919.60	2502.52	2189.70	48.66
2896.20	2482.46	2172.15	48.27	2920.20	2503.03	2190.15	48.67
2896.80	2482.98	2172.60	48.28	2920.80	2503.55	2190.60	48.68
2897.40	2483.49	2173.05	48.29	2921.40	2504.06	2191.05	48.69
2898.00	2484.00	2173.50	48.30	2922.00	2504.58	2191.50	48.70
2898.60	2484.52	2173.95	48.31	2922.60	2505.09	2191.95	48.71
2899.20	2485.03	2174.40	48.32	2923.20	2505.60	2192.40	48.72
2899.80	2485.55	2174.85	48.33	2923.80	2506.12	2192.85	48.73
2900.40	2486.06	2175.30	48.34	2924.40	2506.63	2193.30	48.74
2901.00	2486.58	2175.75	48.35	2925.00	2507.15	2193.75	48.75
2901.60	2487.09	2176.20	48.36	2925.60	2507.66	2194.20	48.76
2902.20	2487.60	2176.65	48.37	2926.20	2508.18	2194.65	48.77
2902.80	2488.12	2177.10	48.38	2926.80	2508.69	2195.10	48.78
2903.40	2488.63	2177.55	48.39	2927.40	2509.20	2195.55	48.79
2904.00	2489.15	2178.00	48.40	2928.00	2509.72	2196.00	48.80

NOMBRES sur lesquels est calculée LA DÉDUCTION A RAISON DE			DÉDUCTION.	NOMBRES sur lesquels est calculée LA DÉDUCTION A RAISON DE			DÉDUCTION.
6 %	7 %	8 %		6 %	7 %	8 %	
2928.60	2510.23	2196.45	48.81	2952.60	2530.80	2214.45	49.21
2929.20	2510.75	2196.90	48.82	2953.20	2531.32	2214.90	49.22
2929.80	2511.26	2197.35	48.83	2953.80	2531.83	2215.35	49.23
2930.40	2511.78	2197.80	48.84	2954.40	2532.35	2215.80	49.24
2931.00	2512.29	2198.25	48.85	2955.00	2532.86	2216.25	49.25
2931.60	2512.80	2198.70	48.86	2955.60	2533.38	2216.70	49.26
2932.20	2513.32	2199.15	48.87	2956.20	2533.89	2217.15	49.27
2932.80	2513.83	2199.60	48.88	2956.80	2534.40	2217.60	49.28
2933.40	2514.35	2200.05	48.89	2957.40	2534.92	2218.05	49.29
2934.00	2514.86	2200.50	48.90	2958.00	2535.43	2218.50	49.30
2934.60	2515.38	2200.95	48.91	2958.60	2535.95	2218.95	49.31
2935.20	2515.89	2201.40	48.92	2959.20	2536.46	2219.40	49.32
2935.80	2516.40	2201.85	48.93	2959.80	2536.98	2219.85	49.33
2936.40	2516.92	2202.30	48.94	2960.40	2537.49	2220.30	49.34
2937.00	2517.43	2202.75	48.95	2961.00	2538.00	2220.75	49.35
2937.60	2517.95	2203.20	48.96	2961.60	2538.52	2221.20	49.36
2938.20	2518.46	2203.65	48.97	2962.20	2539.03	2221.65	49.37
2938.80	2518.98	2204.10	48.98	2962.80	2539.55	2222.10	49.38
2939.40	2519.49	2204.55	48.99	2963.40	2540.06	2222.55	49.39
2940.00	2520.00	2205.00	49.00	2964.00	2540.58	2223.00	49.40
2940.60	2520.52	2205.45	49.01	2964.60	2541.09	2223.45	49.41
2941.20	2521.03	2205.90	49.02	2965.20	2541.60	2223.90	49.42
2941.80	2521.55	2206.35	49.03	2965.80	2542.12	2224.35	49.43
2942.40	2522.06	2206.80	49.04	2966.40	2542.63	2224.80	49.44
2943.00	2522.58	2207.25	49.05	2967.00	2543.15	2225.25	49.45
2943.60	2523.09	2207.70	49.06	2967.60	2543.66	2225.70	49.46
2944.20	2523.60	2208.15	49.07	2968.20	2544.18	2226.15	49.47
2944.80	2524.12	2208.60	49.08	2968.80	2544.69	2226.60	49.48
2945.40	2524.63	2209.05	49.09	2969.40	2545.20	2227.05	49.49
2946.00	2525.15	2209.50	49.10	2970.00	2545.72	2227.50	49.50
2946.60	2525.66	2209.95	49.11	2970.60	2546.23	2227.95	49.51
2947.20	2526.18	2210.40	49.12	2671.20	2546.75	2228.40	49.52
2947.80	2526.69	2210.85	49.13	2974.80	2547.26	2228.85	49.53
2948.40	2527.20	2211.30	49.14	2972.40	2547.78	2229.30	49.54
2949.00	2527.72	2211.75	49.15	2973.00	2548.29	2229.75	49.55
2949.60	2528.23	2212.20	49.16	2973.60	2548.80	2230.20	49.56
2950.20	2528.75	2212.65	49.17	2974.20	2549.32	2230.65	49.57
2950.80	2529.26	2213.10	49.18	2974.80	2549.83	2231.10	49.58
2951.40	2529.78	2213.55	49.19	2975.40	2550.35	2231.55	49.59
2952.00	2530.29	2214.00	49.20	2976.00	2550.86	2232.00	49.60

NOMBRES sur lesquels est calculée LA DÉDUCTION A RAISON DE			DÉDUCTION.	NOMBRES sur lesquels est calculée LA DÉDUCTION A RAISON DE			DÉDUCTION.
6 %	7 %	8 %		6 %	7 %	8 %	
2976,60	2551.38	2232.45	49.61	2988.60	2561.66	2241.45	49.81
2977.20	2551.89	2232.90	49.62	2989.20	2562.18	2241.90	49.82
2977.80	2552.40	2233.35	49.63	2989.80	2562.69	2242.35	49.83
2978.40	2552.92	2233.80	49.64	2990.40	2563.20	2242.80	49.84
979.00	2553.43	2234.25	49.65	2991.00	2563.72	2243.25	49.85
2979.60	2553.95	2234.70	49.66	2991.60	2564.23	2243.70	49.86
2980.20	2554.46	2235.15	49.67	2992.20	2564.75	2244.15	49.87
2980.80	2554.98	2235.60	49.68	2992 80	2565.26	2244.60	49.88
2981.40	2555.49	2236.05	49.69	2993.40	2565.78	2245.05	49.89
2982.00	2556.00	2236.50	49.70	2994.00	2566.29	2245.50	49.90
2982.60	2556.52	2236.95	49.71	2994.60	2566.80	2245.95	49.91
2983.20	2557.03	2237.40	49.72	2995.20	2567.32	2246.40	49.92
2983.80	2557.55	2237.85	49.73	2995.80	2567.83	2246.85	49.93
2984.40	2558.06	2238.30	49.74	2996.40	2568.35	2247.30	49.94
985.00	2558.58	2238.75	49.75	2997.00	2568.86	2247.75	49.95
985.60	2559.09	2239.20	49.76	2997.60	2569.38	2248.20	49.96
986.20	2559.60	2239.65	49.77	2998.20	2569.89	2248.65	49.97
986.80	2560.12	2240.10	49.78	2998.80	2570.40	2249.10	49.98
987.40	2560.63	2240.55	49.79	2999.40	2570.92	2249.55	49.99
988.00	2561.15	2241.00	49.80	3000.00	2571.43	2250.00	50.00

NOMBRES sur lesquels est calculée LA DÉDUCTION	DÉDUCTION A RAISON DE		
	6 %	7 %	8 %
2.160,00	»	»	48,00
2.520,00	»	49,00	56,00
2.880,00	48,00	56,00	64,00
3.240,00	54,00	63,00	72,00
3.600,00	60,00	70,00	80,00
3.960,00	66,00	77,00	88,00
4.320,00	72,00	84,00	96,00
4.680,00	78,00	91,00	104,00
5.040,00	84,00	98,00	112,00
5.400,00	90,00	105,00	120,00
5.760,00	96,00	112,00	128,00
6.120,00	102,00	119,00	136,00
6.480,00	108,00	126,00	144,00
6.840,00	114,00	133,00	152,00
7.200,00	120,00	140,00	160,00
7.560,00	126,00	147,00	168,00
7.920,00	132,00	154,00	176,00
8.280,00	138,00	161,00	184,00
8.640,00	144,00	168,00	192,00
9.000,00	150,00	175,00	200,00
18.000,00	300,00	350,00	400,00
36.000,00	600,00	700,00	800,00

N. B. — En doublant, triplant, etc., les nombres ci-dessus, on obtient les déductions correspondantes doubles, triples, etc., et jusqu'à l'infini.

135